New
Bilingual Visual
Dictionary

English–Somali

Milet

Milet Publishing
Smallfields Cottage, Cox Green
Rudgwick, Horsham, West Sussex
RH12 3DE England
info@milet.com
www.milet.com
www.milet.co.uk

First English–Somali edition published by Milet Publishing in 2017

ISBN 978 1 78508 892 6

Text by Sedat Turhan & Patricia Billings
Illustrated by Anna Martinez
Designed by Christangelos Seferiadis

Printed and bound in China by 1010 Printing International Ltd, March 2017.

falcon
galayr

eagle
galeyr

flamingo
booloboolada falamingo

heron
nooc shimbir-
badeedah

swan
xuur-badeed

pelican
booloboolada

gull
nooc shimbir-badeedah

swallow
shimbirka swallow

lovebird
shimbir yar oo
baalal midabo
leh

crow
tuke

pigeon
qooleey

robin
shinbir yar

stork
cantalyaa

ostrich
gorayo

peacock
daa'uus

sparrow
shimbirka sparrow

parrot
babqaaq

wing
baal shimbir

beak
afka shimbirta

owl
guumays

claw
cidiyaha

woodpecker
shimbirta geedaha
daloolisa

tail
sayn

birdcage
qafis

vulture
coomaadi

egg
ukun

feather
baal

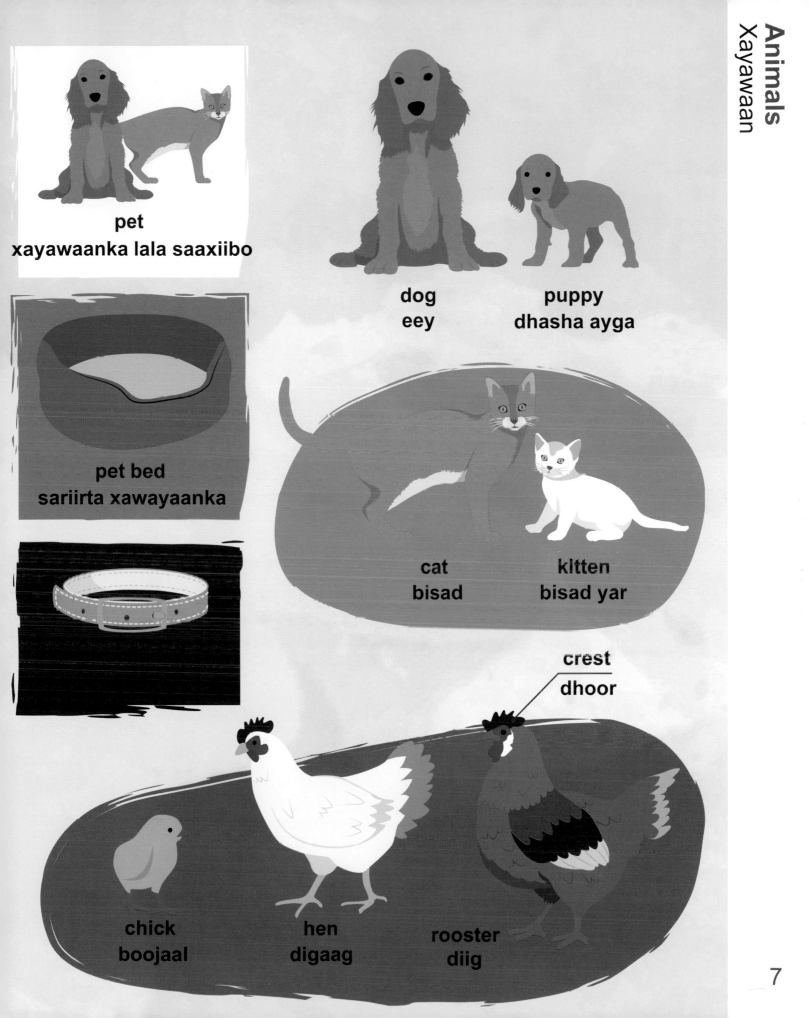

pet
xayawaanka lala saaxiibo

dog
eey

puppy
dhasha ayga

pet bed
sariirta xawayaanka

cat
bisad

kitten
bisad yar

crest
dhoor

chick
boojaal

hen
digaag

rooster
diig

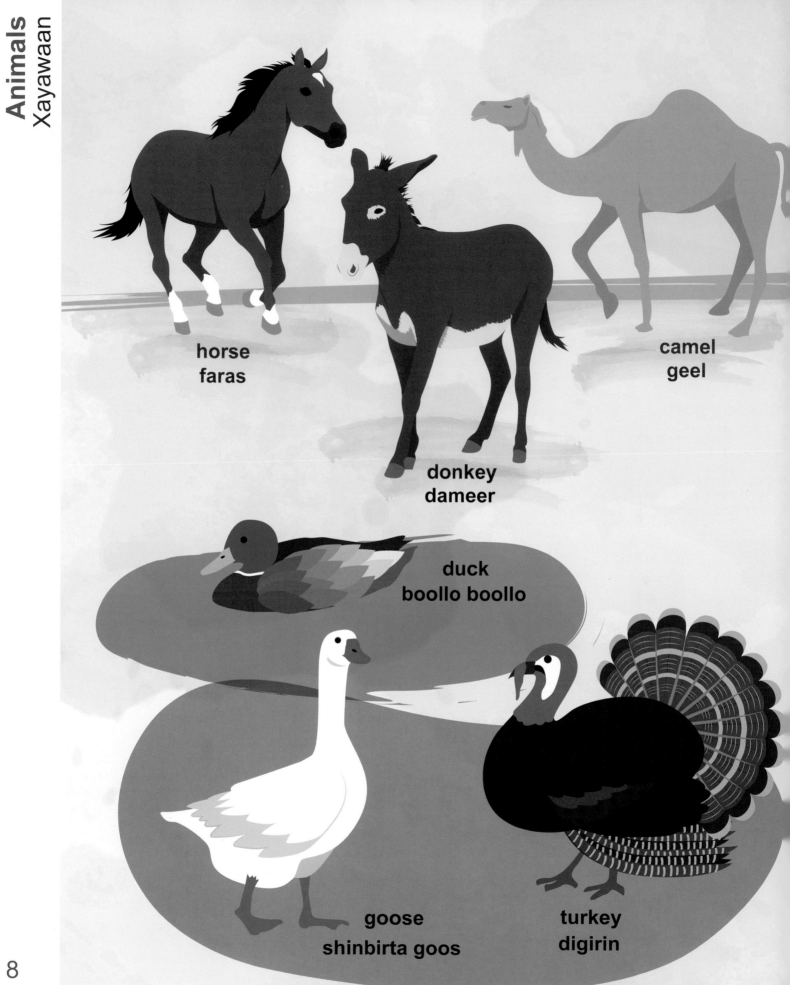

horse
faras

donkey
dameer

camel
geel

duck
boollo boollo

goose
shinbirta goos

turkey
digirin

barn
istoorka beerta

cow
sac

bull
dibi

pig
doofaar

calf
wayl

sheep
ido

lamb
ido

goat
ri'

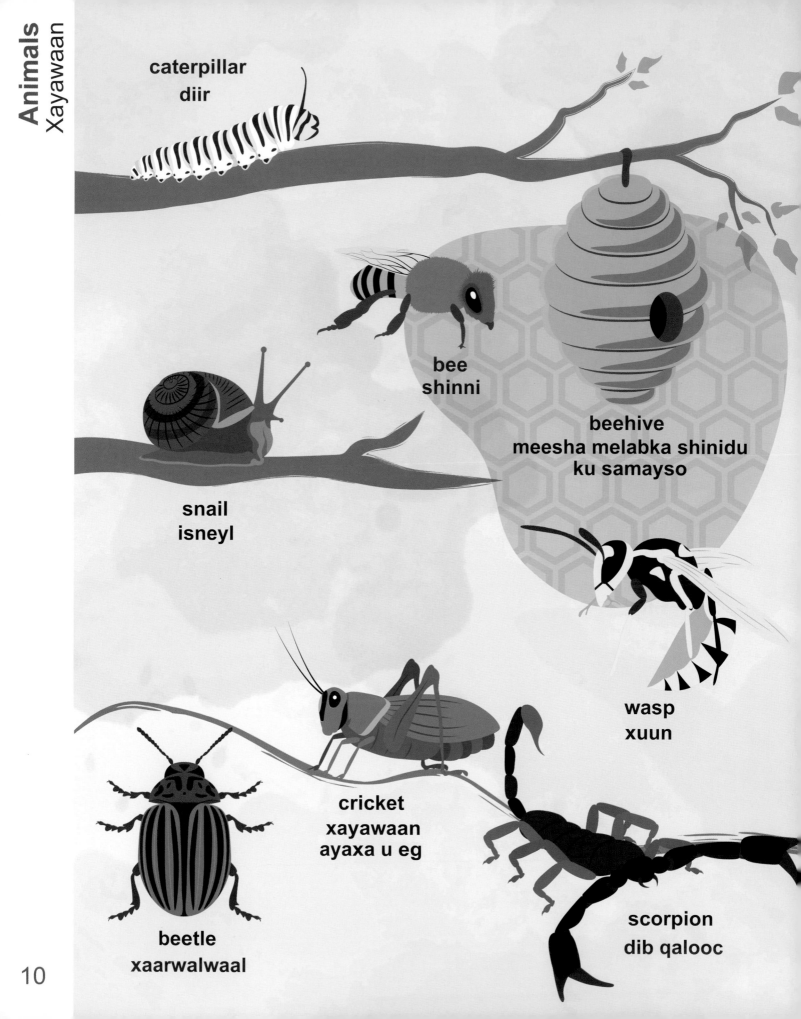

caterpillar
diir

bee
shinni

beehive
meesha melabka shinidu
ku samayso

snail
isneyl

wasp
xuun

cricket
xayawaan
ayaxa u eg

beetle
xaarwalwaal

scorpion
dib qalooc

web
xuub caaro

spider
caaro

fly
daqsi

mosquito
kaneeco

dragonfly
baalkaa biyood

moth
balanbaalis

butterfly
ballanbaalis

ladybird / ladybug
shimbirad

grasshopper
ayax

ant
quraansho

snake
mas

salamander
nooc qoratada ah

frog
rah

tadpole
rah

earthworm
gooryaan-dhuleed

iguana
jirjiroole

newt
noocyada bulaca

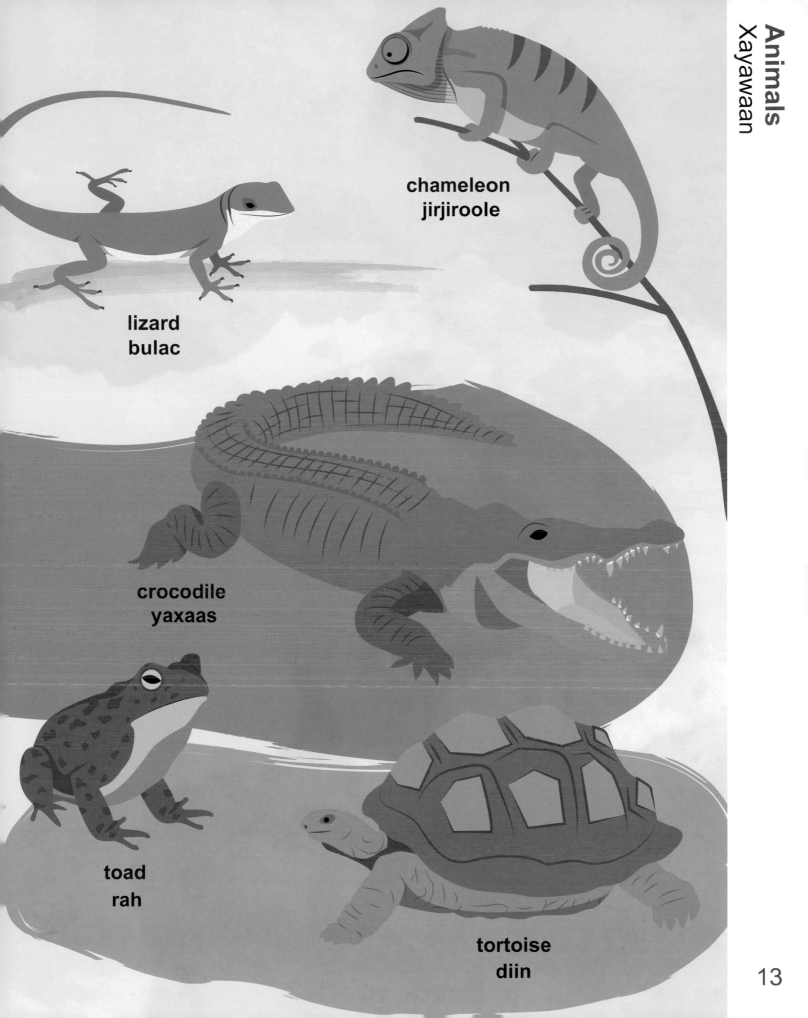

chameleon
jirjiroole

lizard
bulac

crocodile
yaxaas

toad
rah

tortoise
diin

walrus
maroodi badeed

whale
nibiri

seahorse
faras badeed

starfish
noole badda ku
nool oo u eg xiddig

turtle
diin badeed

coral

geed-badeed

seaweed
cawska bada

lobster
aargoosato

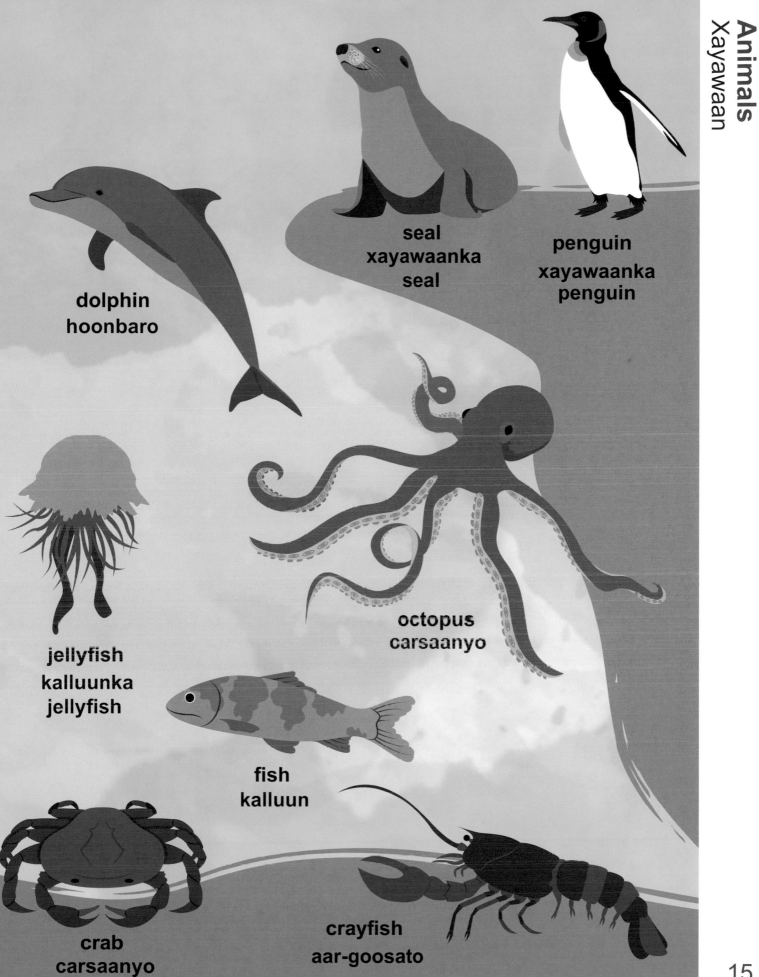

seal
xayawaanka
seal

penguin
xayawaanka
penguin

dolphin
hoonbaro

octopus
carsaanyo

jellyfish
kalluunka
jellyfish

fish
kalluun

crab
carsaanyo

crayfish
aar-goosato

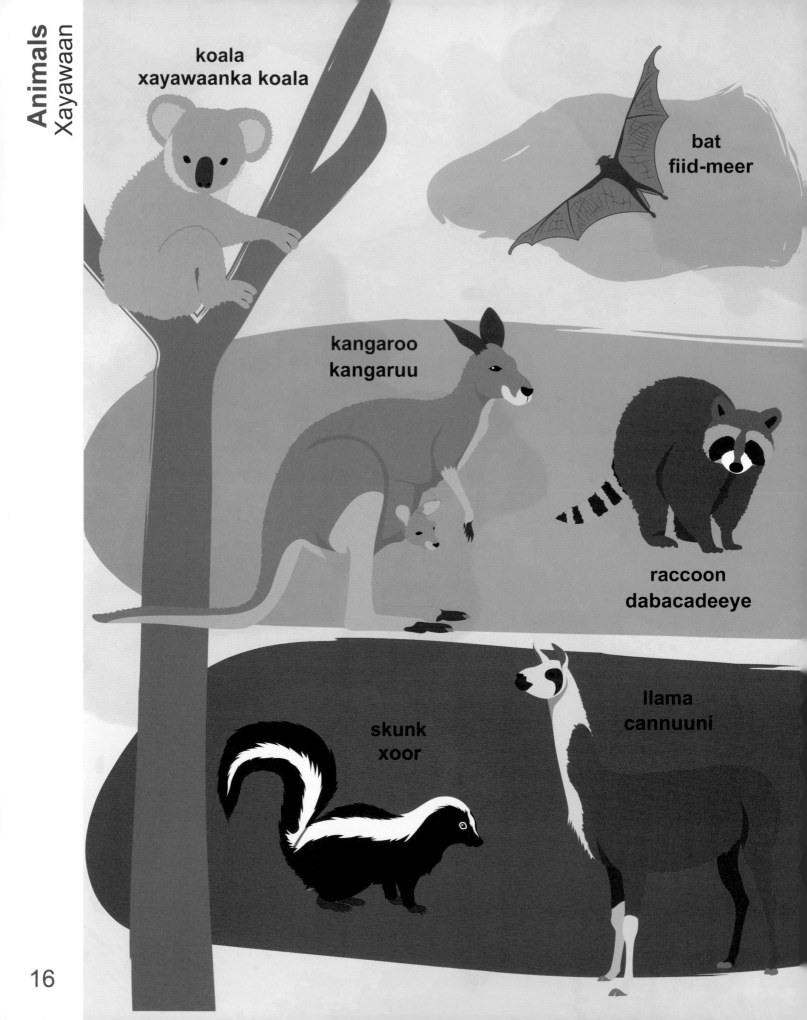

koala
xayawaanka koala

bat
fiid-meer

kangaroo
kangaruu

raccoon
dabacadeeye

skunk
xoor

llama
cannuuni

bear
xayawaanka beerka

polar bear
biir-baraf

elephant
maroodi

panda
panda/biir

tusk
fool
maroodi

trunk
gacan maroodhi

fox
dawaco

wolf
yey

chimpanzee
daanyeer

gorilla
daanyeerka gorilaha

zebra
dameer farow

rhinoceros
wiyil

hippopotamus
jeer

horn
gees

deer
deero

fawn
sagaaro

giraffe
gari

leopard
haramcad

tiger
shabeel

mane
shaash

lion
libaax

cub
cagobaruur

mole
firinfir

hedgehog
kuullay

tail
sayn

mouse
jiir

rat
jiir

squirrel
daba-gaalle

rabbit
bakayle

otter
xayawaan biyo iyo beri ku noole a

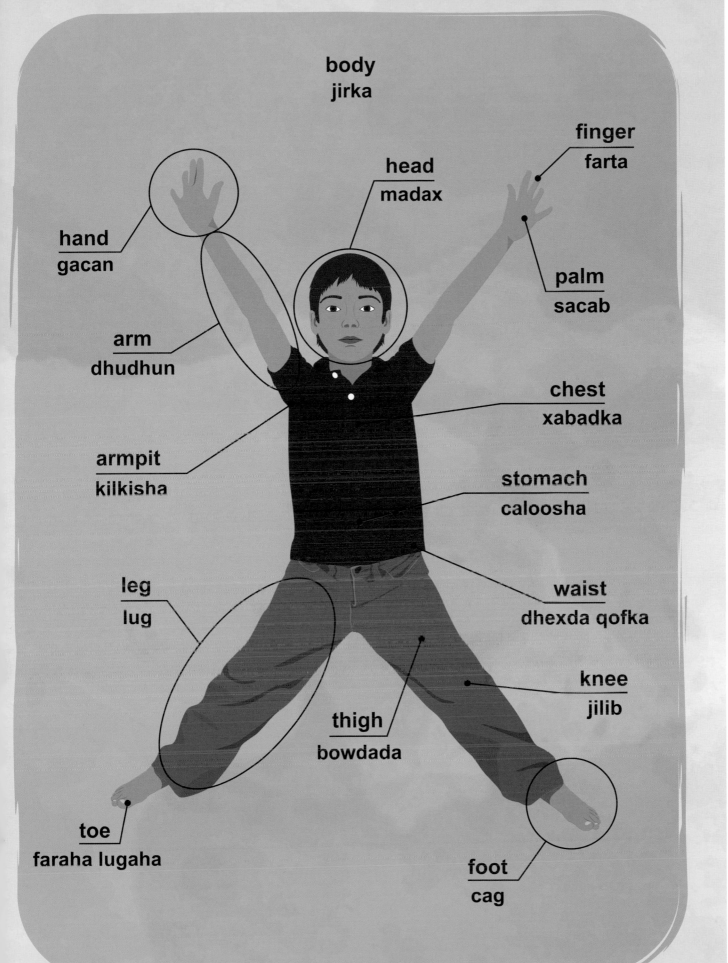

body
jirka

finger
farta

head
madax

hand
gacan

palm
sacab

arm
dhudhun

chest
xabadka

armpit
kilkisha

stomach
caloosha

leg
lug

waist
dhexda qofka

knee
jilib

thigh
bowdada

toe
faraha lugaha

foot
cag

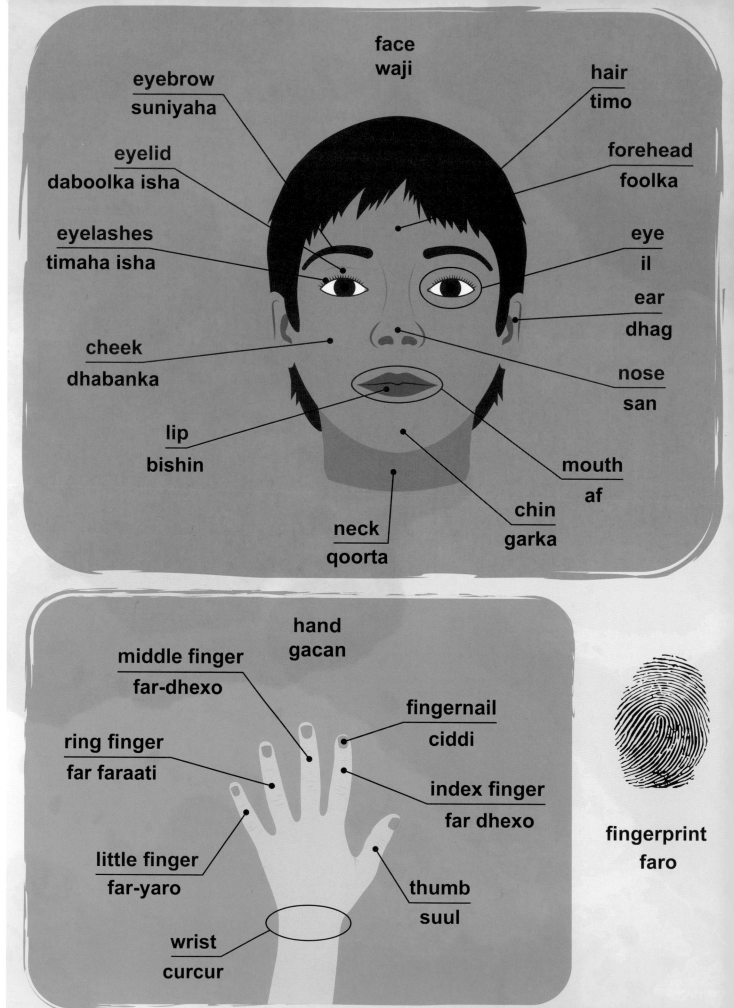

face
waji

eyebrow
suniyaha

hair
timo

eyelid
daboolka isha

forehead
foolka

eyelashes
timaha isha

eye
il

ear
dhag

cheek
dhabanka

nose
san

lip
bishin

mouth
af

neck
qoorta

chin
garka

hand
gacan

middle finger
far-dhexo

fingernail
ciddi

ring finger
far faraati

index finger
far dhexo

little finger
far-yaro

thumb
suul

wrist
curcur

fingerprint
faro

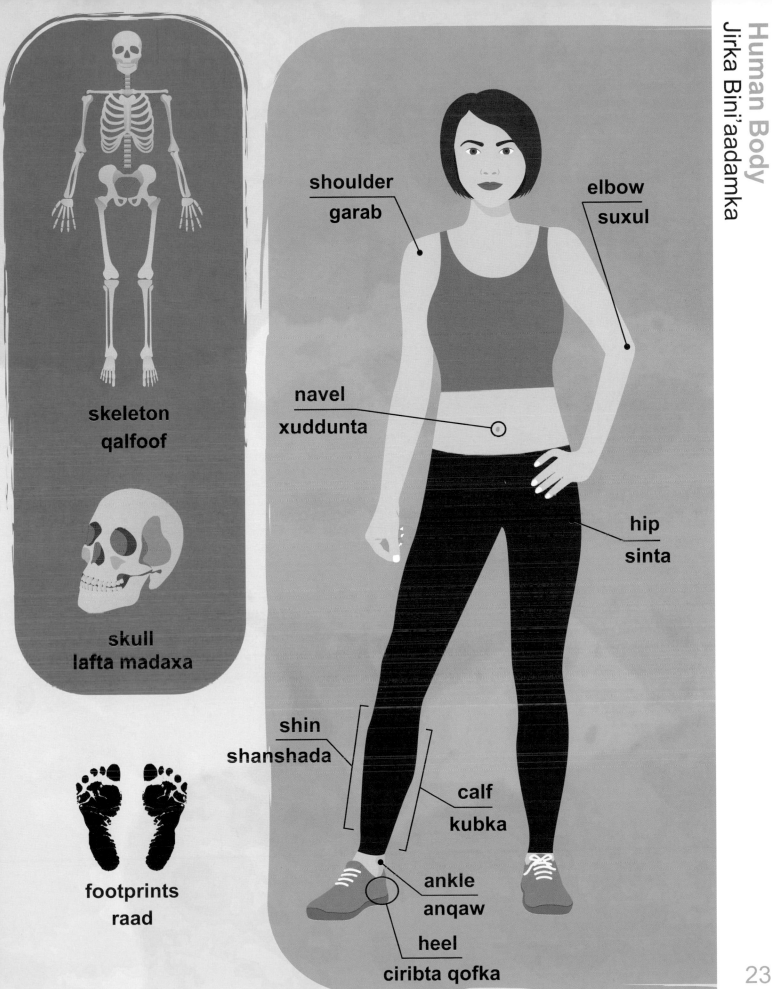

skeleton
qalfoof

skull
lafta madaxa

footprints
raad

shoulder
garab

elbow
suxul

navel
xuddunta

hip
sinta

shin
shanshada

calf
kubka

ankle
anqaw

heel
ciribta qofka

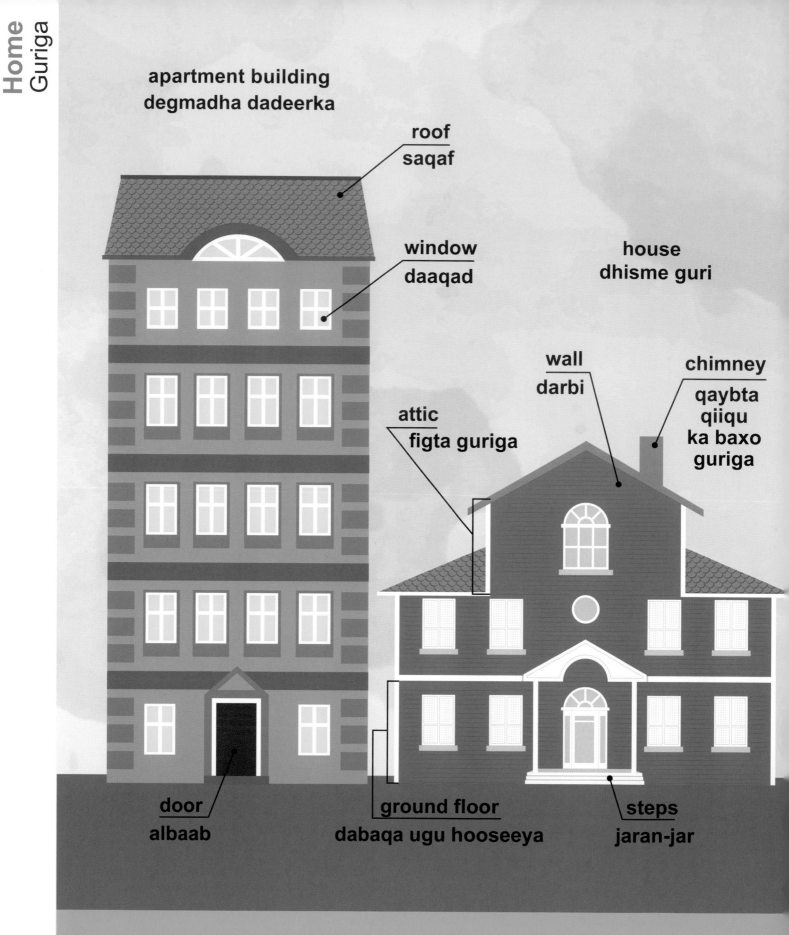

apartment building
degmadha dadeerka

roof
saqaf

window
daaqad

house
dhisme guri

wall
darbi

chimney
qaybta
qiiqu
ka baxo
guriga

attic
figta guriga

door
albaab

ground floor
dabaqa ugu hooseeya

steps
jaran-jar

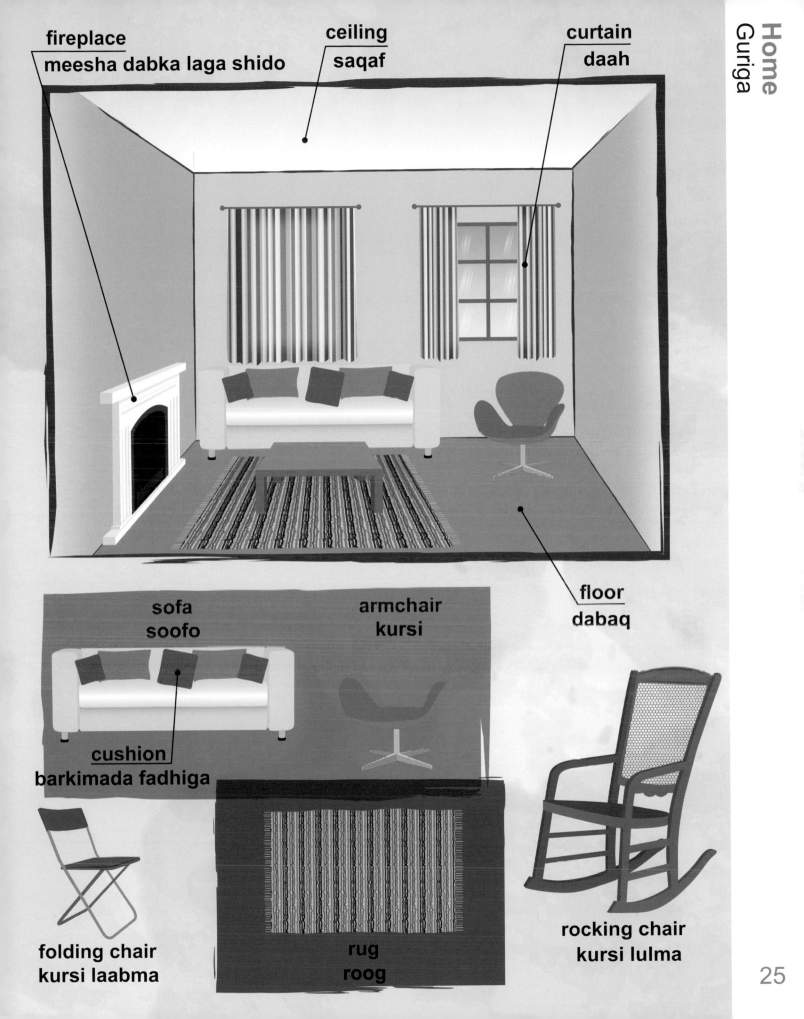

fireplace
meesha dabka laga shido

ceiling
saqaf

curtain
daah

floor
dabaq

sofa
soofo

armchair
kursi

cushion
barkimada fadhiga

folding chair
kursi laabma

rug
roog

rocking chair
kursi lulma

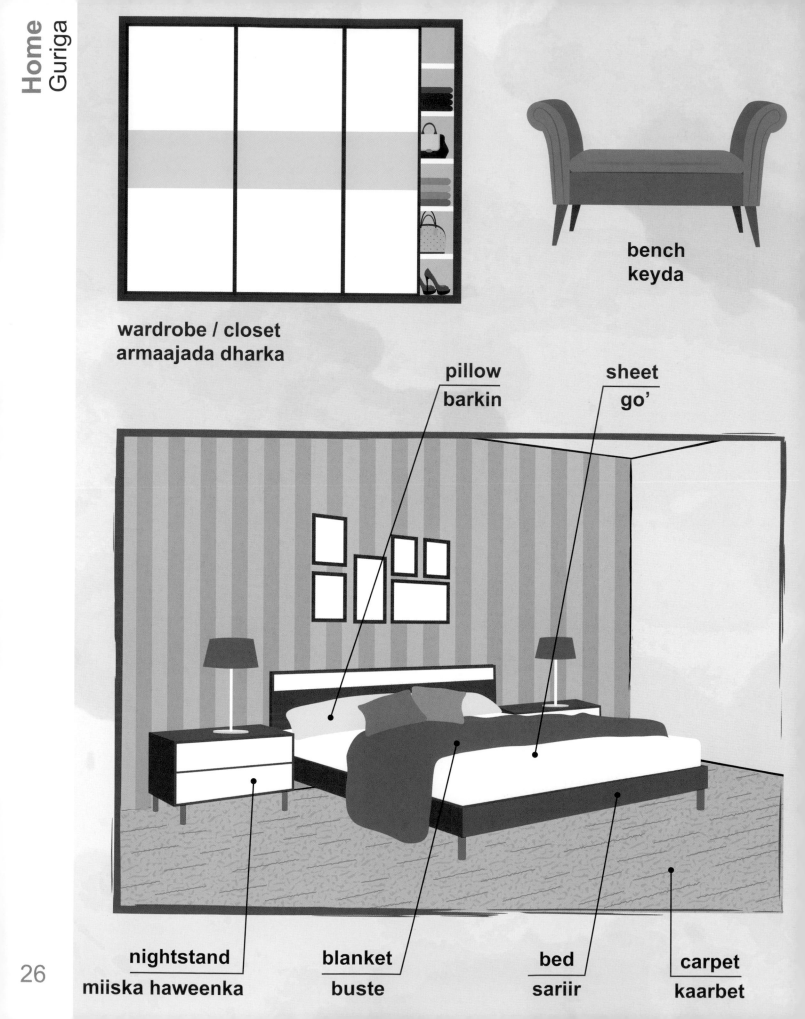

bench
keyda

wardrobe / closet
armaajada dharka

pillow
barkin

sheet
go'

nightstand
miiska haweenka

blanket
buste

bed
sariir

carpet
kaarbet

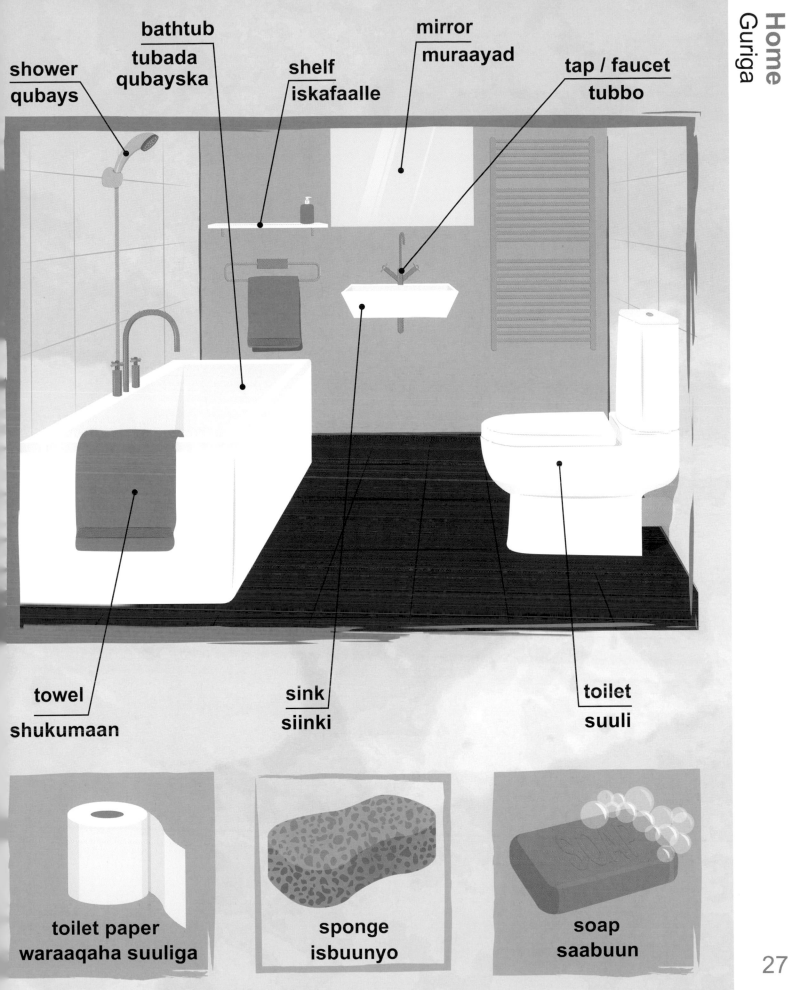

shower
qubays

bathtub
tubada
qubayska

shelf
iskafaalle

mirror
muraayad

tap / faucet
tubbo

towel
shukumaan

sink
siinki

toilet
suuli

toilet paper
waraaqaha suuliga

sponge
isbuunyo

soap
saabuun

console
miis

chair
kursi

ceiling lamp
laambad

dining table
kursiga cuntada

cabinet
armaajo

place setting
meel goob

stool
gambar

range hood
qiiq bixis

oven
foorno

drawer
qaanad

cabinet
armaajo

refrigerator
talaagad

frying pan
daawe

slow cooker
dheri

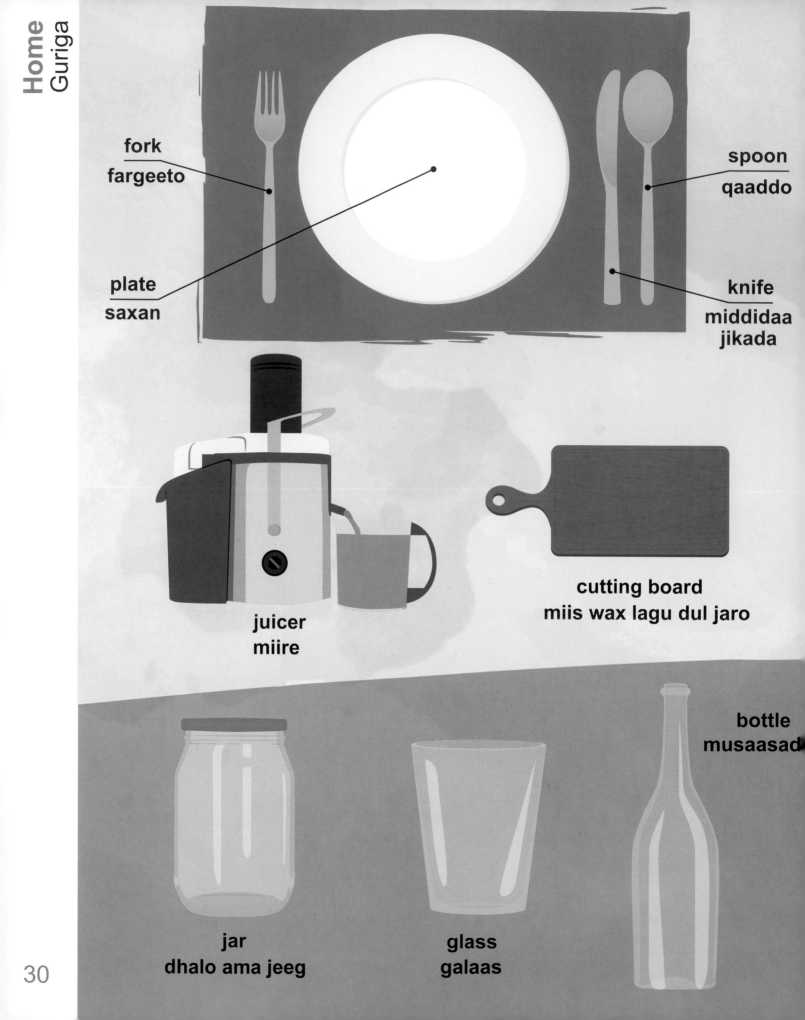

fork
fargeeto

plate
saxan

spoon
qaaddo

knife
middidaa
jikada

juicer
miire

cutting board
miis wax lagu dul jaro

bottle
musaasad

jar
dhalo ama jeeg

glass
galaas

faucet
tubbo

sink
siinki

lighter
gaas shide

scale
miisan

burner
shoolad

spatula
sbatula

teaspoon
qaadada shaaha

teapot
dhariga shaaha

pitcher
garaafo

shaker
sheey cusbada
lagu shubo

mixer
ficni

toaster oven
forno kibisti

food processor
cunto habeeye

blender
qalab qudradda lagu shiido iwm

toaster
qalab wax lagu dubo

microwave oven
foornada microwave-ka

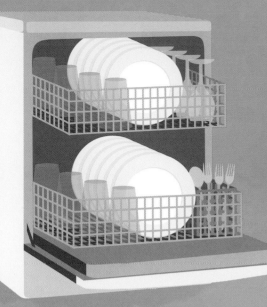

dishwasher
alaab dhaqe

washing machine
mashiinka dhaqidda

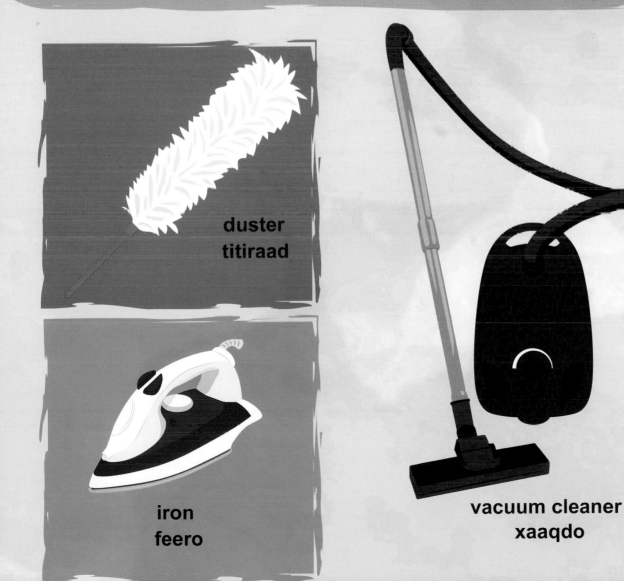

duster
titiraad

iron
feero

vacuum cleaner
xaaqdo

ceiling fan
marwaxadda saqafka

chandelier
laydhka

spotlight
laambad

table lamp
nal

floor lamp
nalka dhulka

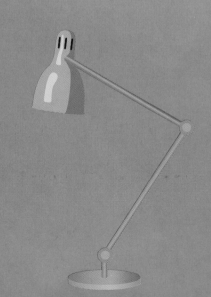

desk lamp
nalka miiska la saaro

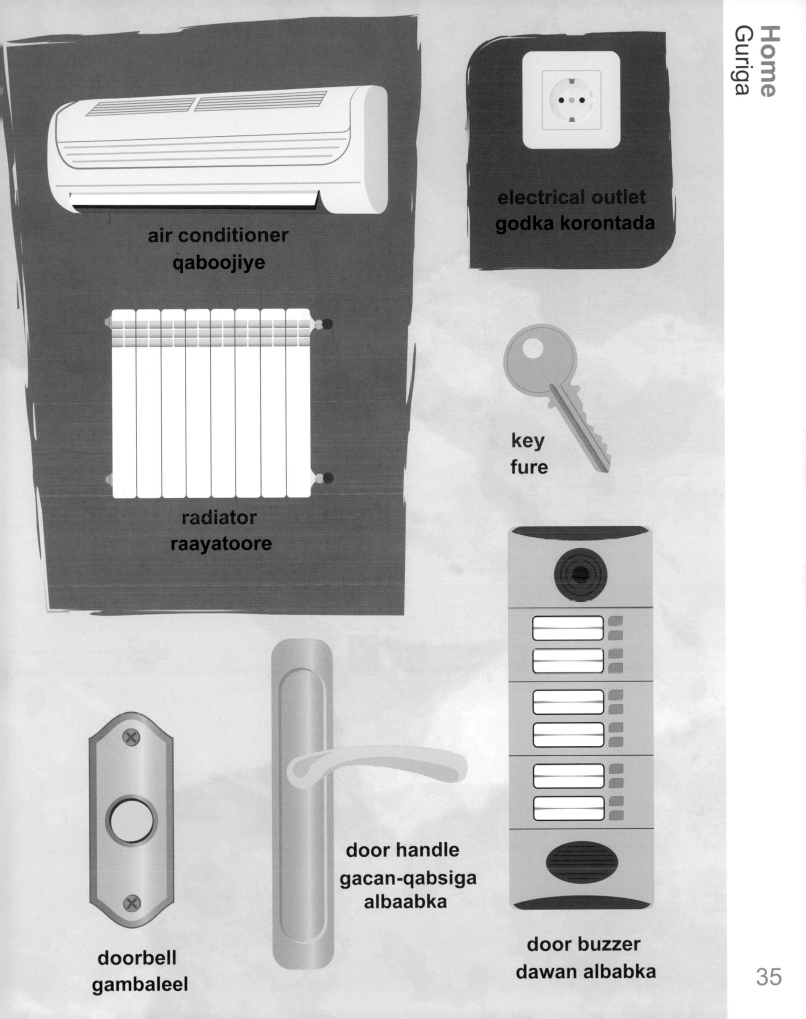

air conditioner
qaboojiye

electrical outlet
godka korontada

radiator
raayatoore

key
fure

door handle
gacan-qabsiga
albaabka

doorbell
gambaleel

door buzzer
dawan albabka

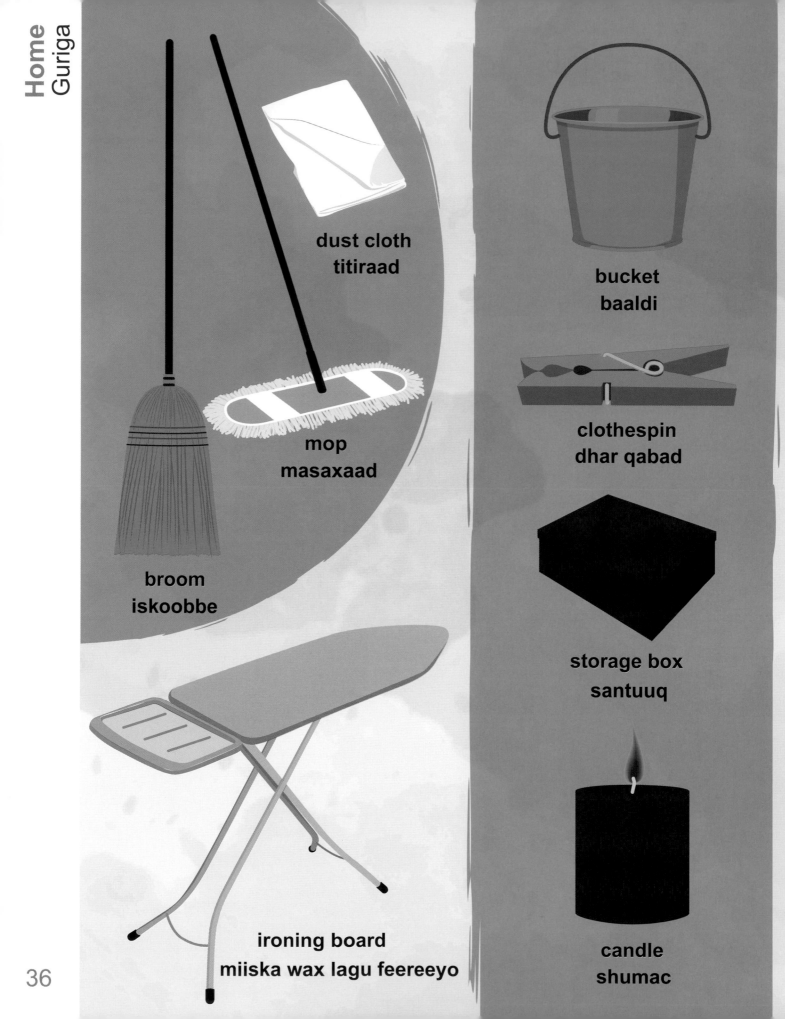

dust cloth
titiraad

bucket
baaldi

mop
masaxaad

clothespin
dhar qabad

broom
iskoobbe

storage box
santuuq

ironing board
miiska wax lagu feereeyo

candle
shumac

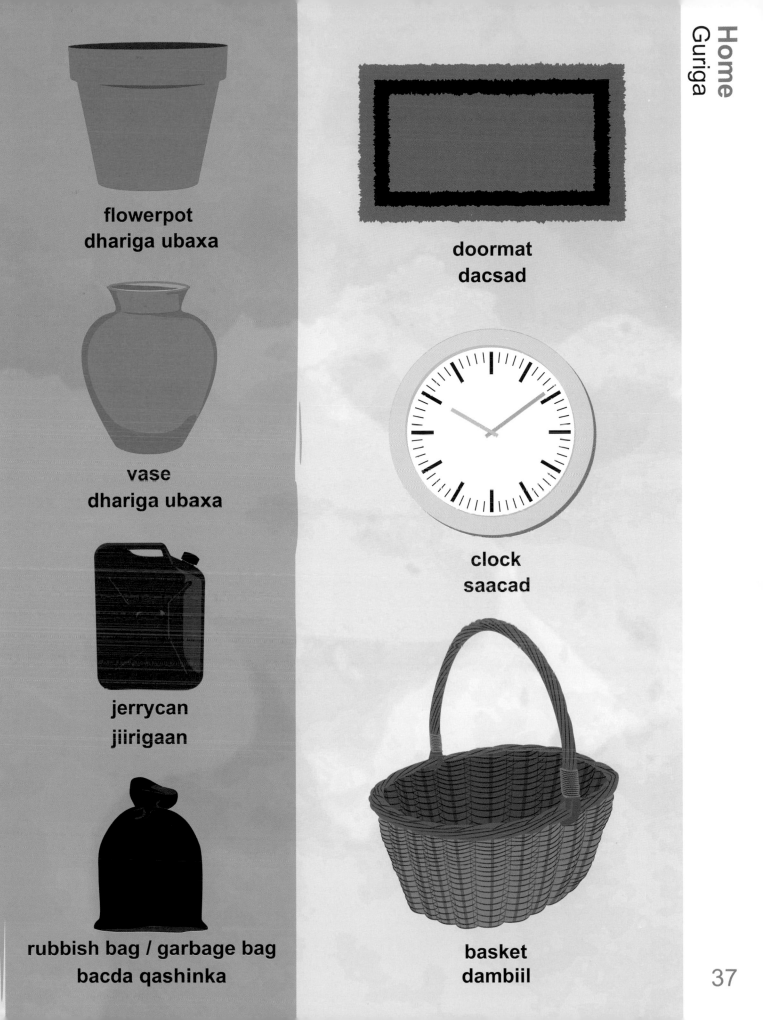

flowerpot
dhariga ubaxa

vase
dhariga ubaxa

jerrycan
jiirigaan

rubbish bag / garbage bag
bacda qashinka

doormat
dacsad

clock
saacad

basket
dambiil

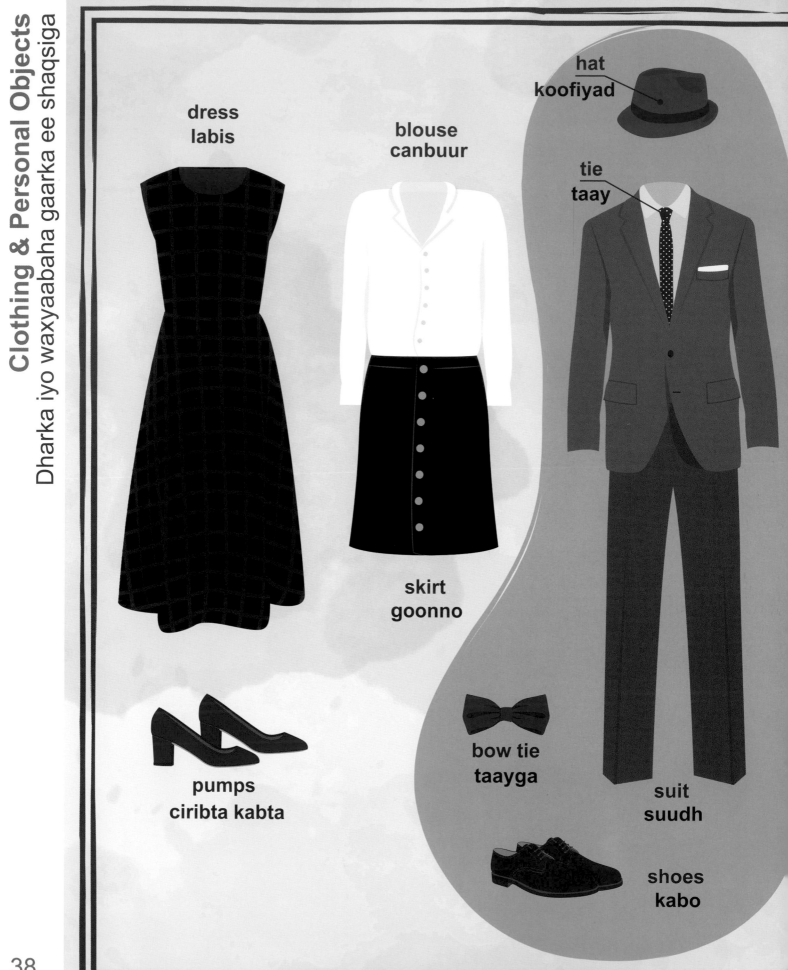

dress
labis

blouse
canbuur

hat
koofiyad

tie
taay

skirt
goonno

pumps
ciribta kabta

bow tie
taayga

suit
suudh

shoes
kabo

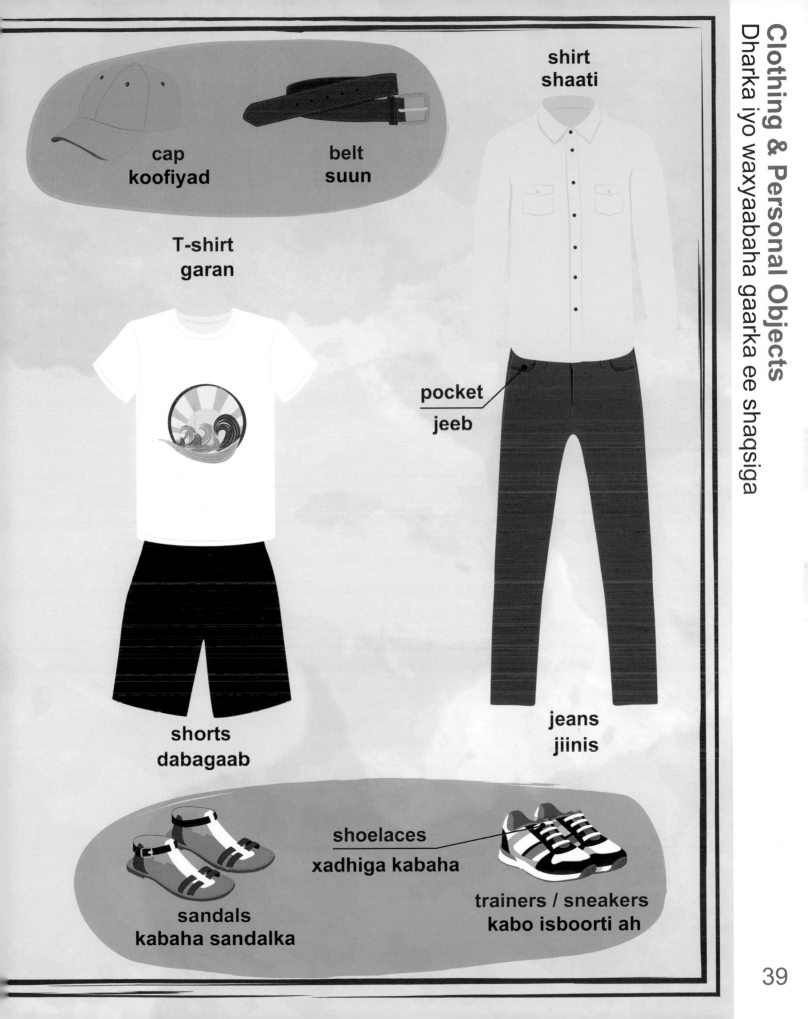

cap
koofiyad

belt
suun

shirt
shaati

T-shirt
garan

pocket
jeeb

shorts
dabagaab

jeans
jiinis

shoelaces
xadhiga kabaha

sandals
kabaha sandalka

trainers / sneakers
kabo isboorti ah

bathrobe
shukumaanka qubayska

swimsuit
dharka dabaasha

flip-flops
dacas

swim trunks
daba-gaab lagu dabaasho

slippers
dacas

sweater
funaanad

cardigan
funaanad dulgashi

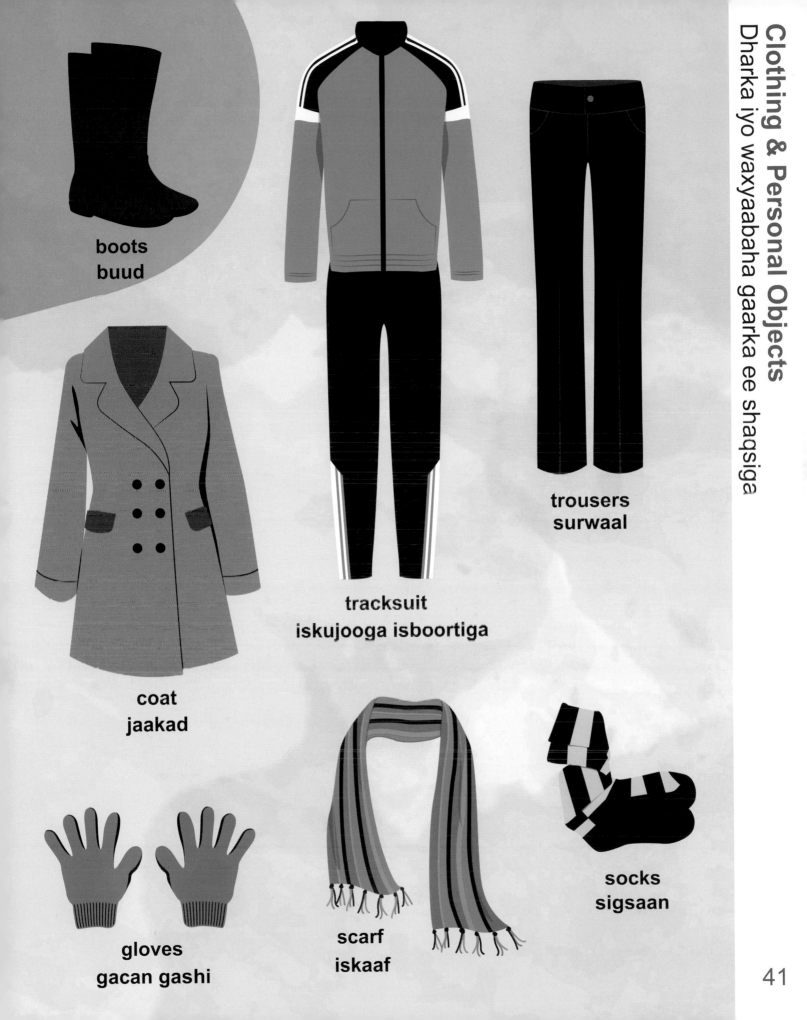

boots
buud

tracksuit
iskujooga isboortiga

trousers
surwaal

coat
jaakad

gloves
gacan gashi

scarf
iskaaf

socks
sigsaan

41

clothes hanger
birta dharka la suro

ribbon
calal astaan ah

pins
biin

button
batoon

zipper
jinyeer

thread
dun

reel
bubada dunta

sewing needle
irbada dharka

safety pin
biin

42

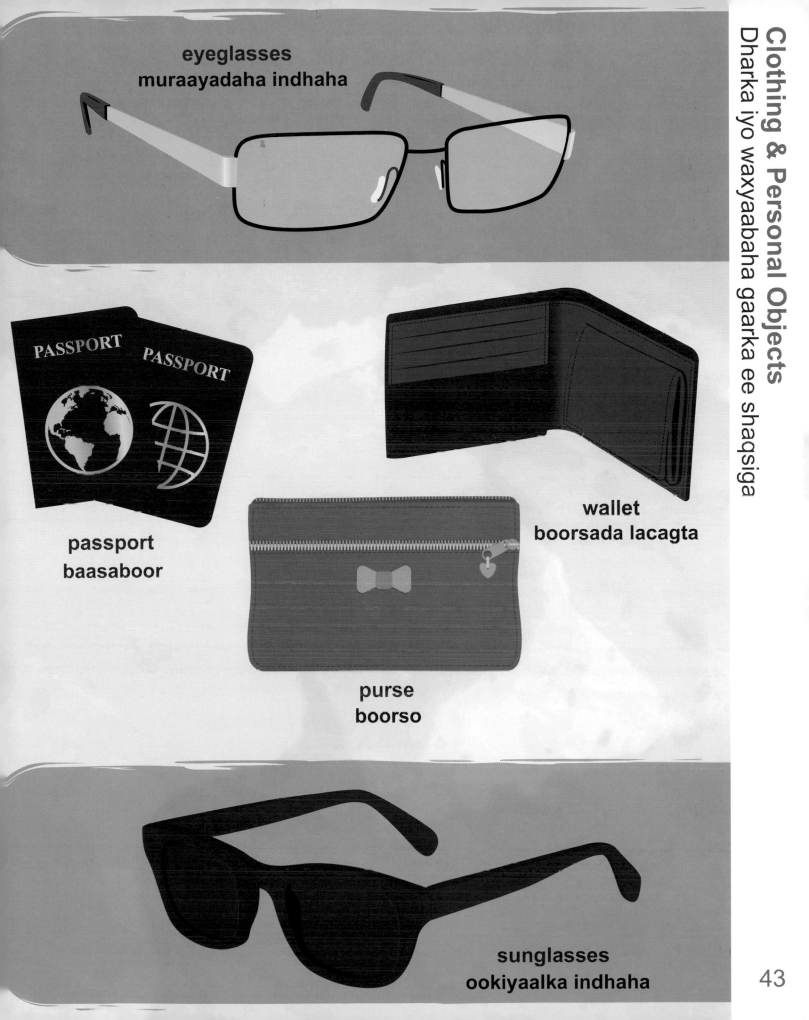

eyeglasses
muraayadaha indhaha

passport
baasaboor

wallet
boorsada lacagta

purse
boorso

sunglasses
ookiyaalka indhaha

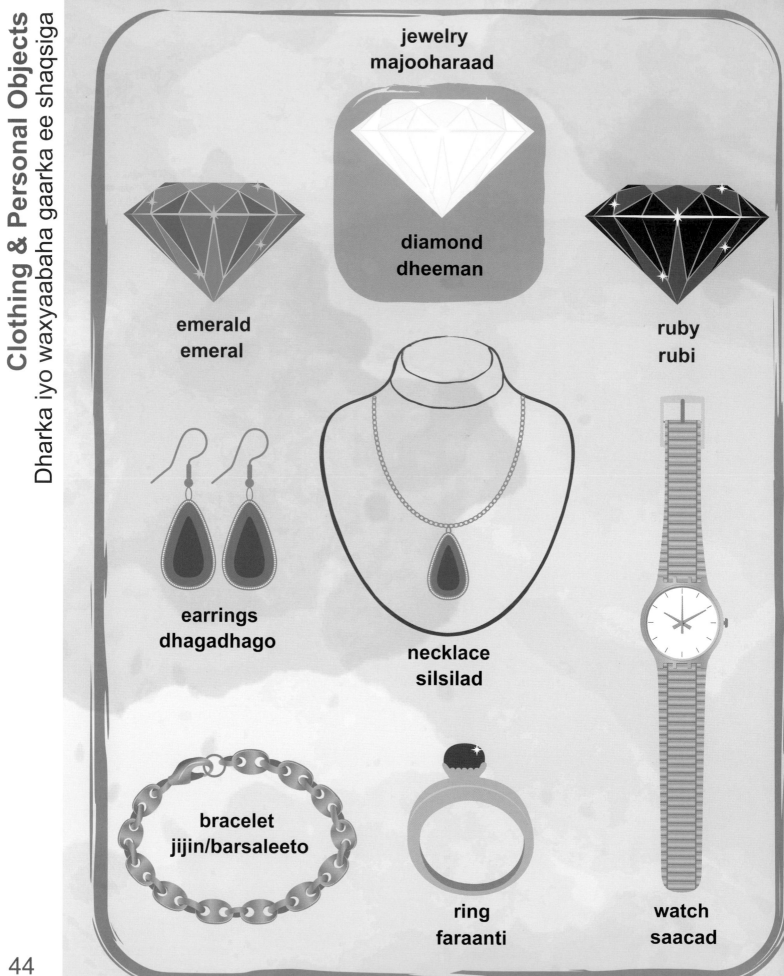

jewelry
majooharaad

diamond
dheeman

emerald
emeral

ruby
rubi

earrings
dhagadhago

necklace
silsilad

bracelet
jijin/barsaleeto

ring
faraanti

watch
saacad

umbrella
dallad

suitcase
shandad

briefcase
shandad yar

handbag
boorsadaada

backpack
boorsooyinka dhabarka

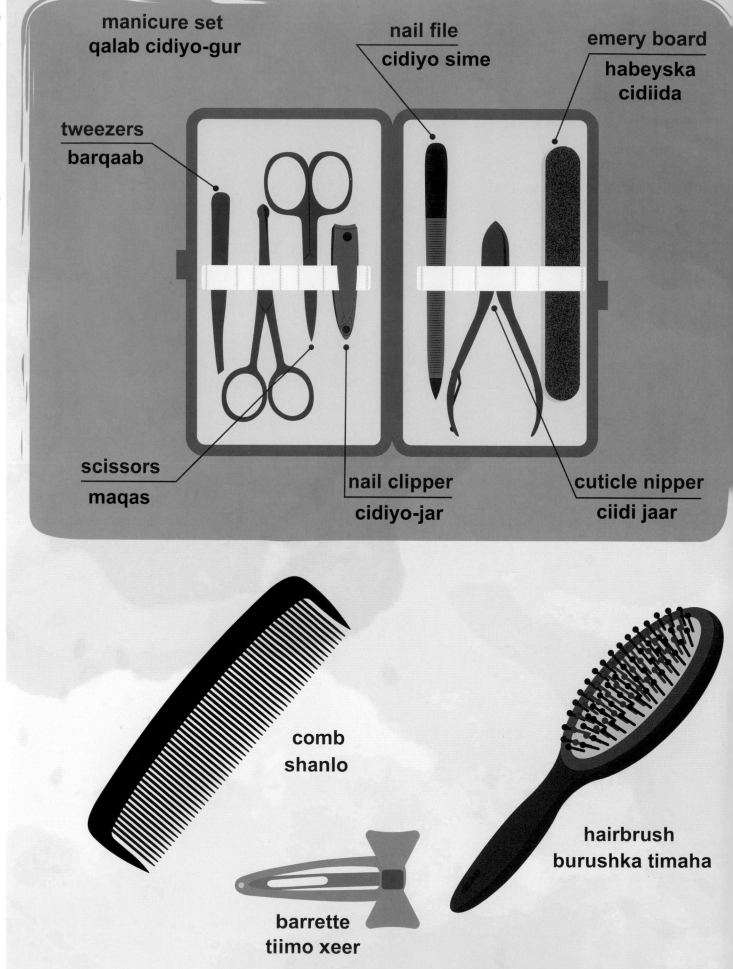

manicure set
qalab cidiyo-gur

nail file
cidiyo sime

emery board
habeyska
cidiida

tweezers
barqaab

scissors
maqas

nail clipper
cidiyo-jar

cuticle nipper
ciidi jaar

comb
shanlo

hairbrush
burushka timaha

barrette
tiimo xeer

46

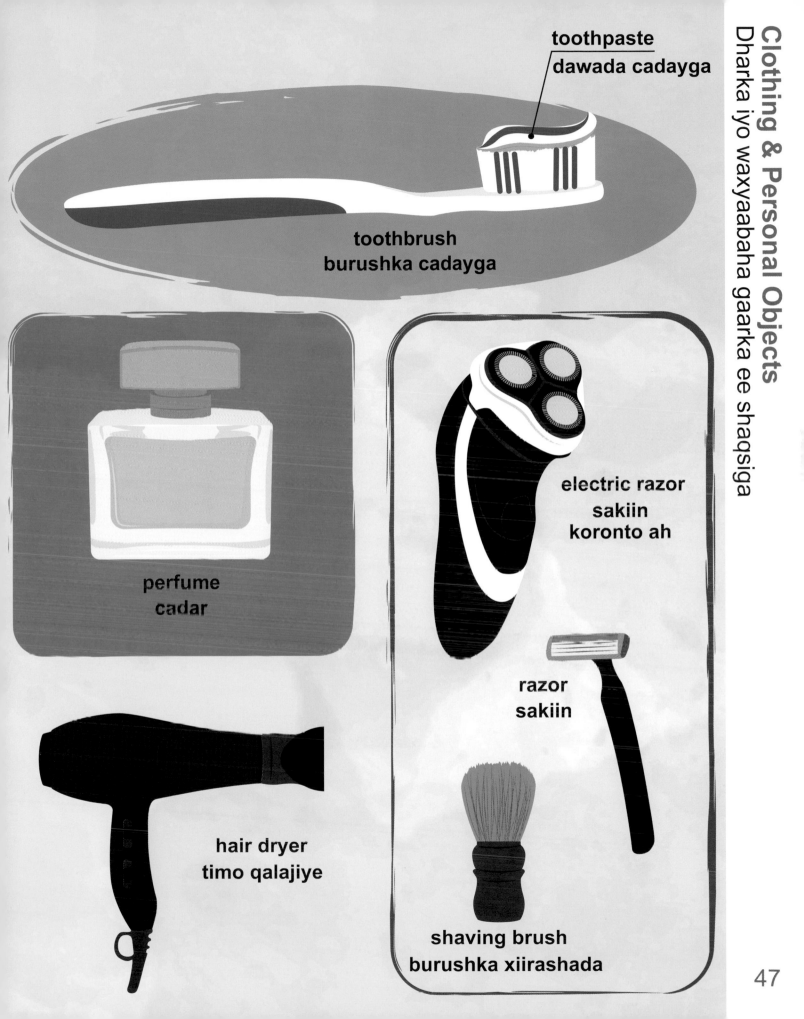

toothpaste
dawada cadayga

toothbrush
burushka cadayga

perfume
cadar

electric razor
sakiin
koronto ah

razor
sakiin

hair dryer
timo qalajiye

shaving brush
burushka xiirashada

47

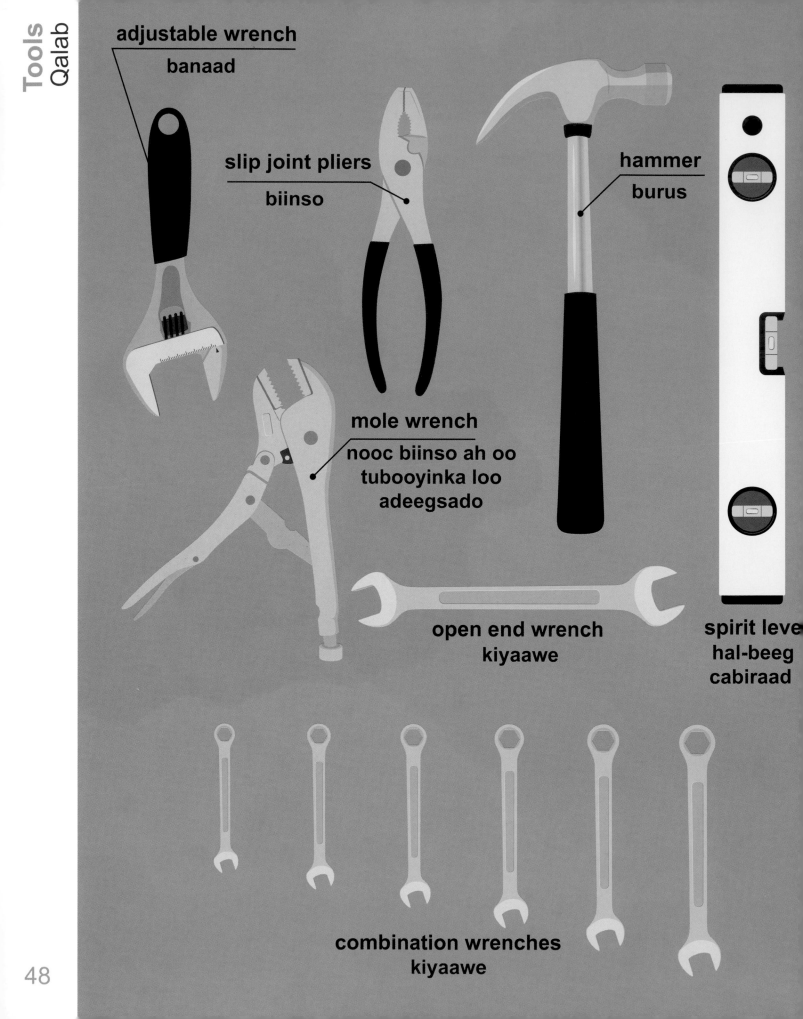

adjustable wrench
banaad

slip joint pliers
biinso

mole wrench
nooc biinso ah oo
tubooyinka loo
adeegsado

hammer
burus

open end wrench
kiyaawe

spirit leve
hal-beeg
cabiraad

combination wrenches
kiyaawe

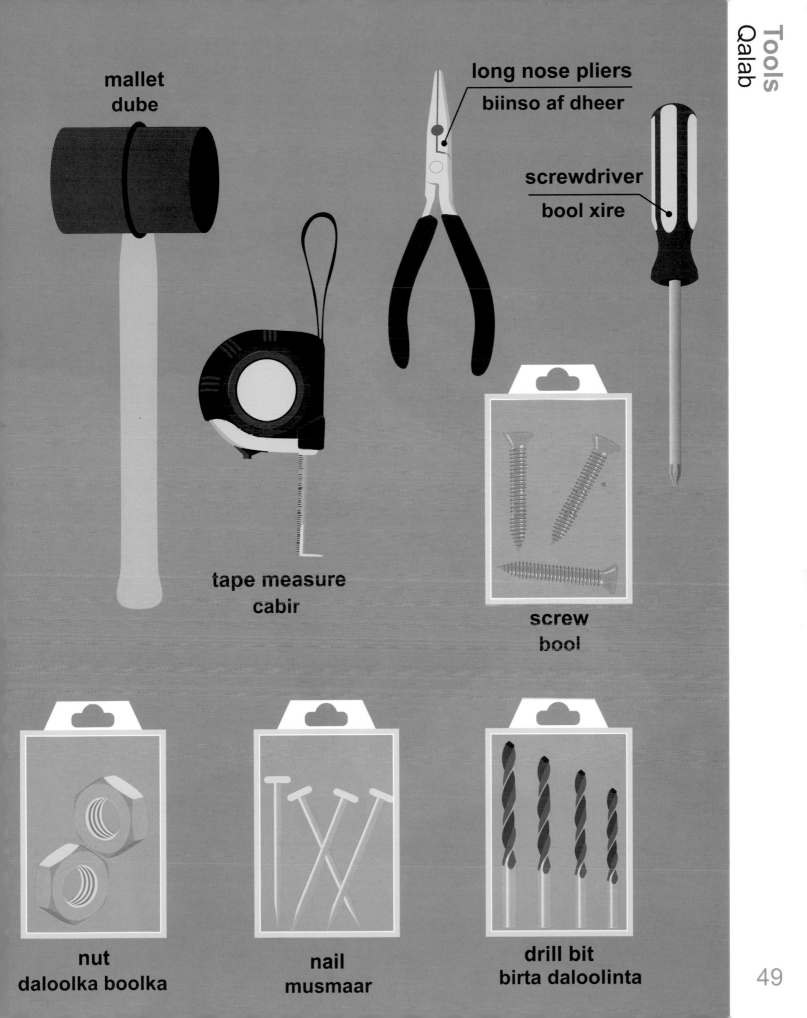

mallet
dube

long nose pliers
biinso af dheer

screwdriver
bool xire

tape measure
cabir

screw
bool

nut
daloolka boolka

nail
musmaar

drill bit
birta daloolinta

chain
silsilad

plug
bareeso

padlock
quful

battery
bateri

toolbox
tool

car battery
batari baabuur

electric drill
dalooliye
koronto ah

safety helmet
koofi bir ah

torch / flashlight
toosh

ladder
sallaan

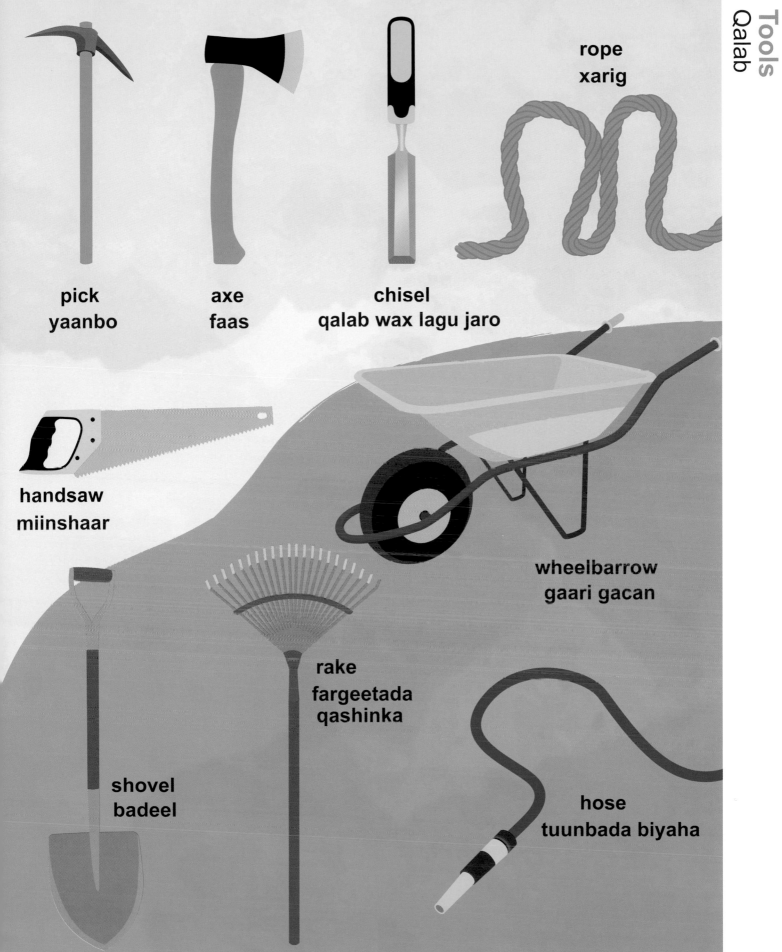

pick
yaanbo

axe
faas

chisel
qalab wax lagu jaro

rope
xarig

handsaw
miinshaar

wheelbarrow
gaari gacan

rake
fargeetada
qashinka

shovel
badeel

hose
tuunbada biyaha

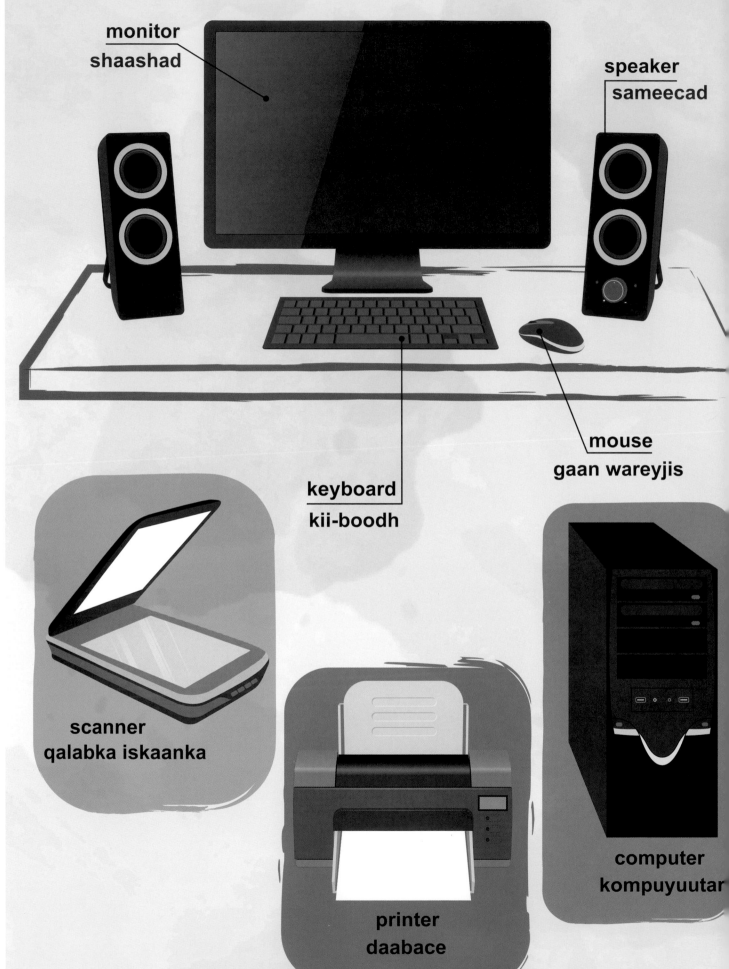

monitor
shaashad

speaker
sameecad

mouse
gaan wareyjis

keyboard
kii-boodh

scanner
qalabka iskaanka

printer
daabace

computer
kompuyuutar

video camera
kaamarada video-ga

tablet
kiniin

mobile phone /
cell phone
telefoonka
gacanta

radio
raadiyaw

microphone
makarafoon

earphones
waayirada dhagaysiga

cable
kaybal

telephone
telefoon

supermarket
suuq wayne

restaurant
maqaayad

lemon
liin

grapes
canab

orange
liin

pineapple
baaynabal

plum
nooc fruit ah

watermelon
xabxab

apple
tufaax

pear
furuutka beeya

apricot
abrikoot

peach
furuutka peach

banana
muus/moos

avocado
afokaado

cherry
miraha cherry-ga
ee la cuno

strawberry
istaroobari

blackberry
blackberry

blueberry
blueberry

raspberry
miraha la cuno
ee raspberry

kiwi
miraha kiwi

mandarin
maandarin

grapefruit
miraha canabka

mango
cambe

pomegranate
rumaan

quince
nooc ka mid
ah fruitka

melon
qare

coconut
qumbe

corn
sabul galay

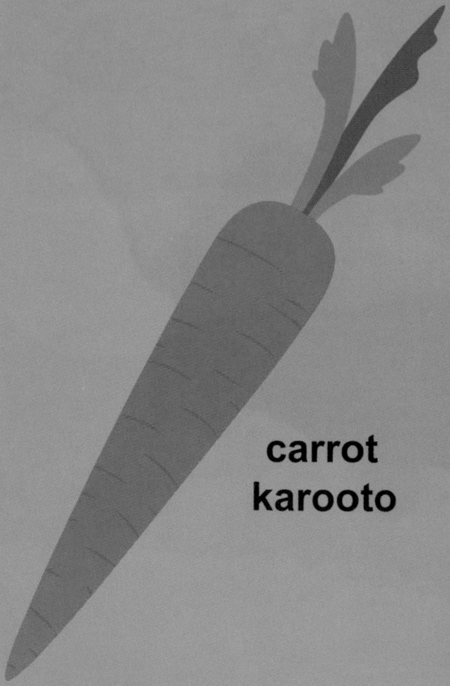

carrot
karooto

garlic
tuun

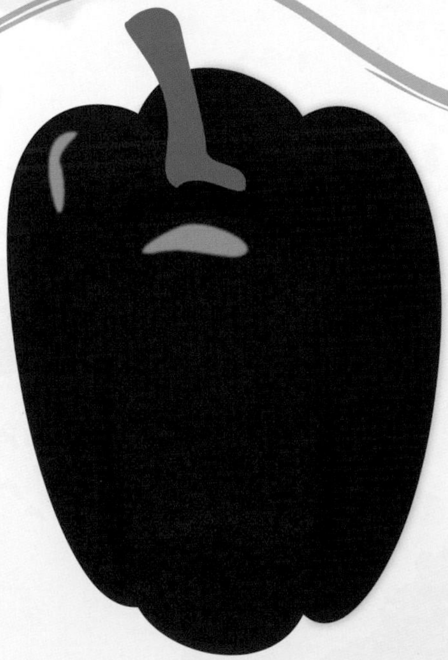

corncob
sabuulka marka uusan
galayda lahayn

mushroom
mashruum

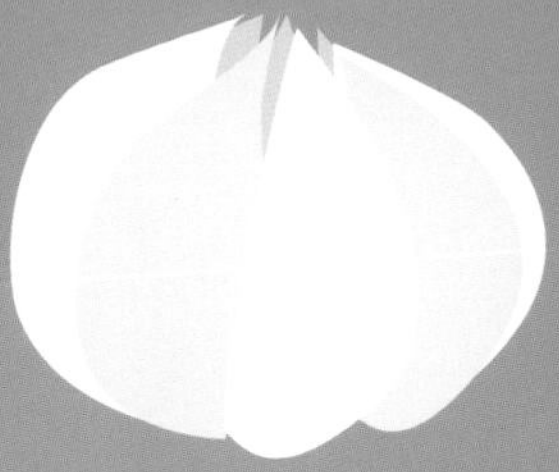

pepper
xayaaji

chili pepper
basbaas

cucumber
kakambar

onion
basal

tomato
yaanyo

pumpkin
bambikin

potato
bataati

green bean
digirta cagaaran

okra
baamiyaal

peas
digir

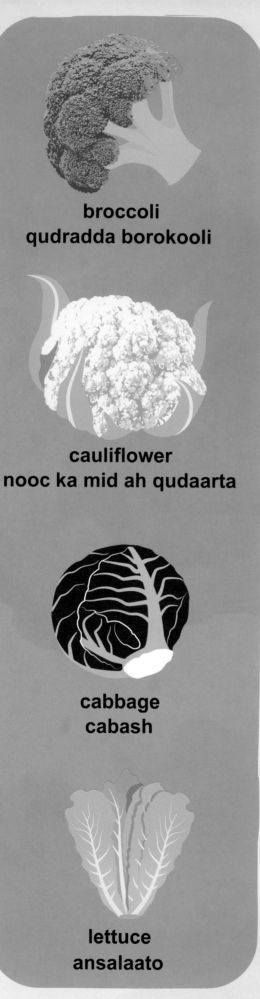

broccoli
qudradda borokooli

cauliflower
nooc ka mid ah qudaarta

cabbage
cabash

lettuce
ansalaato

artichoke
nooc khudaarta ah

aubergine / eggplant
bidingaal

courgette / zucchini
khudrad xabxab u eg

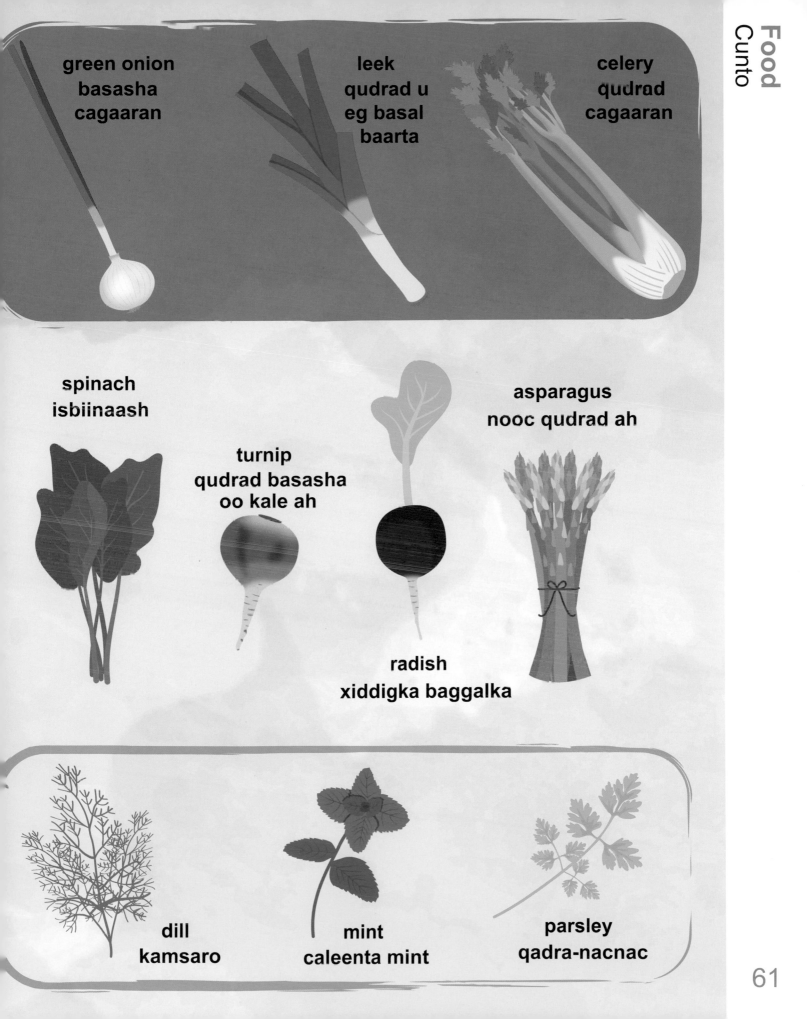

green onion
basasha
cagaaran

leek
qudrad u
eg basal
baarta

celery
qudrad
cagaaran

spinach
isbiinaash

turnip
qudrad basasha
oo kale ah

asparagus
nooc qudrad ah

radish
xiddigka baggalka

dill
kamsaro

mint
caleenta mint

parsley
qadra-nacnac

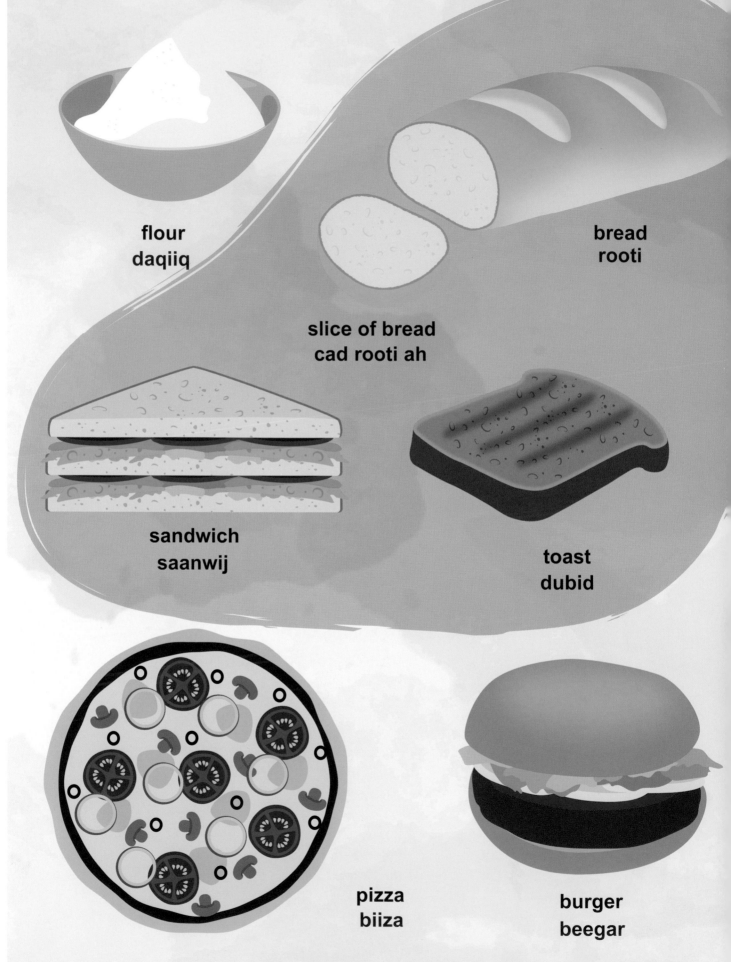

flour
daqiiq

bread
rooti

slice of bread
cad rooti ah

sandwich
saanwij

toast
dubid

pizza
biiza

burger
beegar

crackers
nooc ka mid ah
buskudyada

biscuit
buskud

chocolate chip cookie
nooc buskud ah

cake
doolshe

pie
bur keeg ah

pancakes
baan-keeg

almond
almoon

hazelnut
laws xuub
adag ku jira

chestnut
dhoocil

walnut
laws xuub adag ku jira

peanut
loos

ground beef
duqad

sausage
sooseej

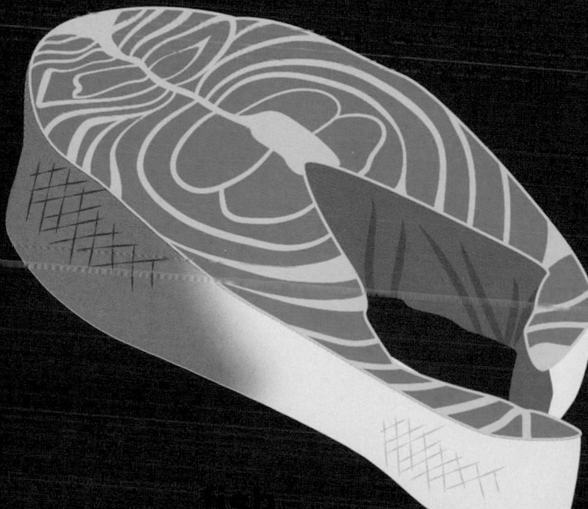

fish
kalluun/mallaay

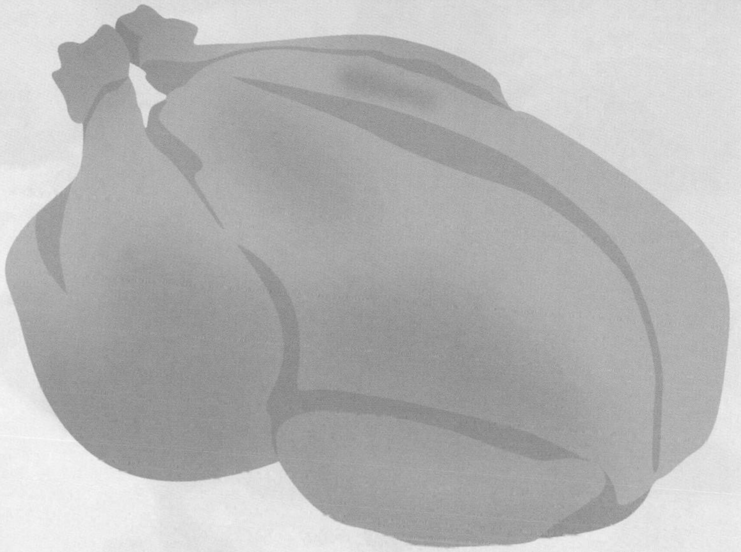

chicken
digaag

steak
isteek/buskeeti

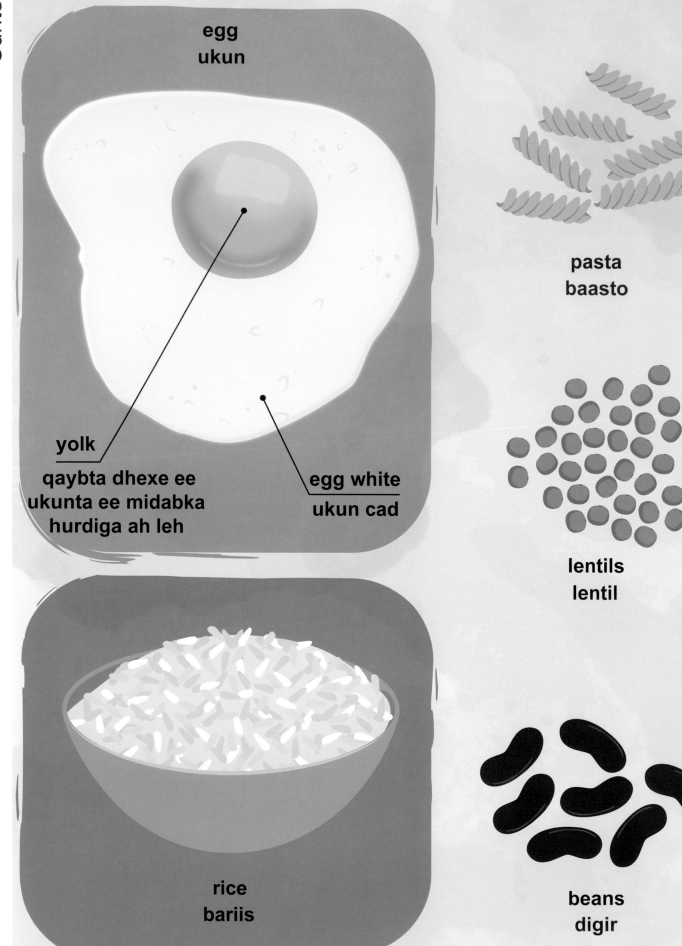

egg
ukun

yolk
qaybta dhexe ee
ukunta ee midabka
hurdiga ah leh

egg white
ukun cad

pasta
baasto

lentils
lentil

rice
bariis

beans
digir

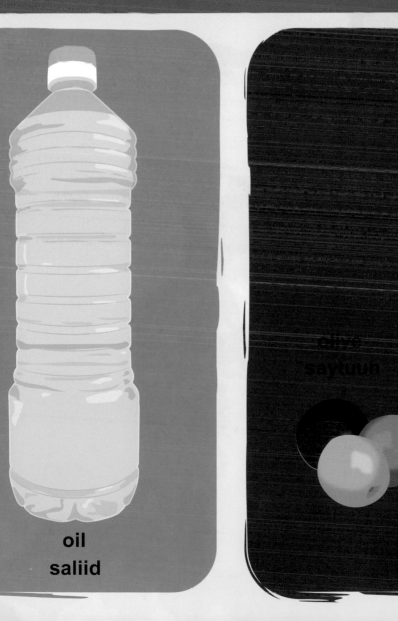

honey
malab

canned food
cunto qasacadaysan

oil
saliid

olive
saytuun

olive oil
saliida saytuun

salad
ansalaato

salt
cusbo

pepper
filfil

snacks
carasiyo

chips / fries
bataati

sugar
sonkor

breakfast
quraac

chocolate
shukulaato

candy
nacnac

ice cream
jallaato

dessert
macmacaan

popcorn
daango

butter
subag

cheese
farmaajo

yogurt
yoogar

milk
caano

soy milk
caano soy

water
biyo

fruit juice
cabitaanka la miiro

lemonade
lemooneed

orange juice
cabitaan liin

ice cube
barafka
yar yar

coffee
qaxwo

tea
shaah

car
baabuur

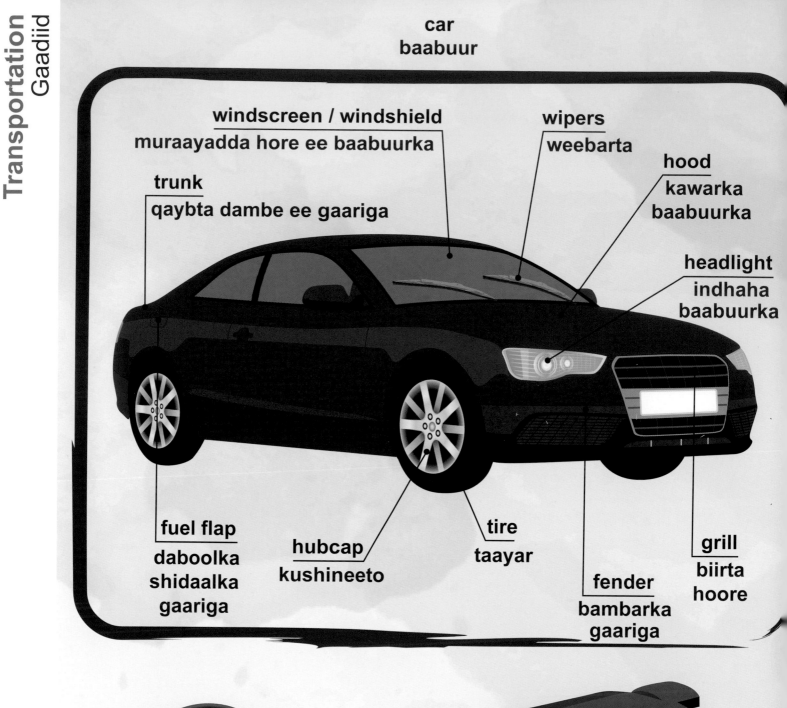

windscreen / windshield
muraayadda hore ee baabuurka

wipers
weebarta

hood
kawarka
baabuurka

trunk
qaybta dambe ee gaariga

headlight
indhaha
baabuurka

fuel flap
daboolka
shidaalka
gaariga

hubcap
kushineeto

tire
taayar

fender
bambarka
gaariga

grill
biirta
hoore

steering wheel
isteerin

engine
matoor

minivan
bas van ah oo yar

recreational vehicle
van dalxiis

van
faan

pickup truck
xaajiyad

dump truck
gaariga qashinka

tow truck
gaari baabuurta
jiida

truck
gaadhi

freight truck
baabuur wayn

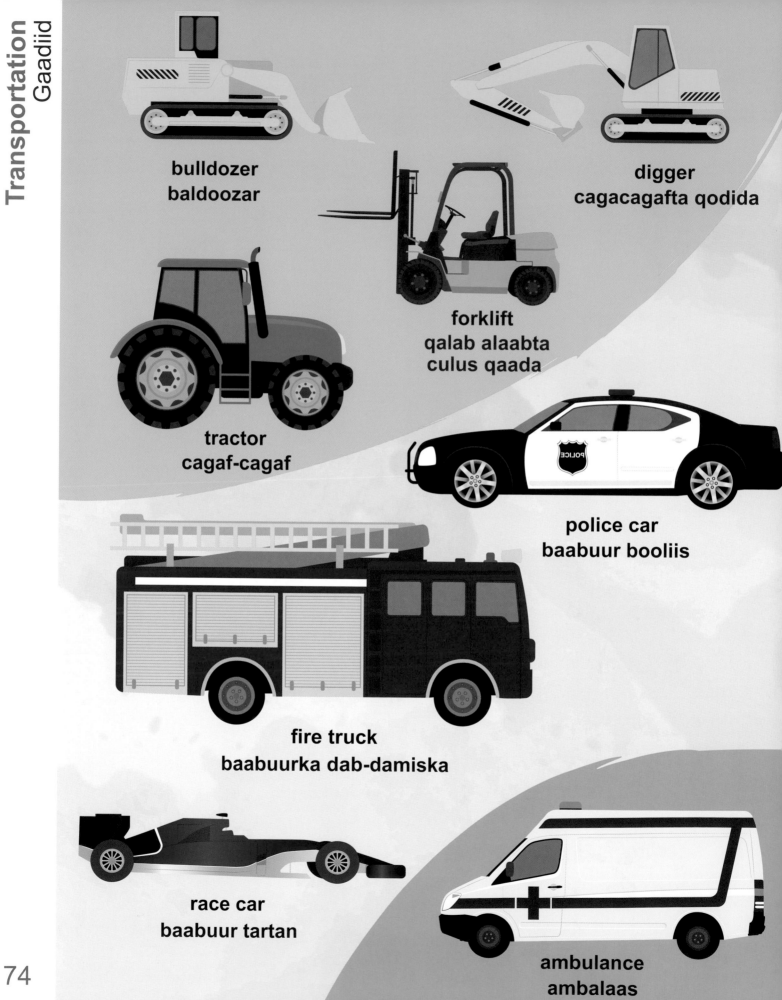

bulldozer
baldoozar

digger
cagacagafta qodida

forklift
qalab alaabta
culus qaada

tractor
cagaf-cagaf

police car
baabuur booliis

fire truck
baabuurka dab-damiska

race car
baabuur tartan

ambulance
ambalaas

bicycle
baaskil

saddle
koore

handlebars
gacmaha
baaskiilka

brake
bareeg/
fariin

wheel
shaag
ama lug

spokes
kushineeto

pedal
badeelle

scooter
mooto

motorcycle
mooto

stroller
gaariga caruurta lagu riixo

sled
ri la jiido sida
meelaha barafka ah

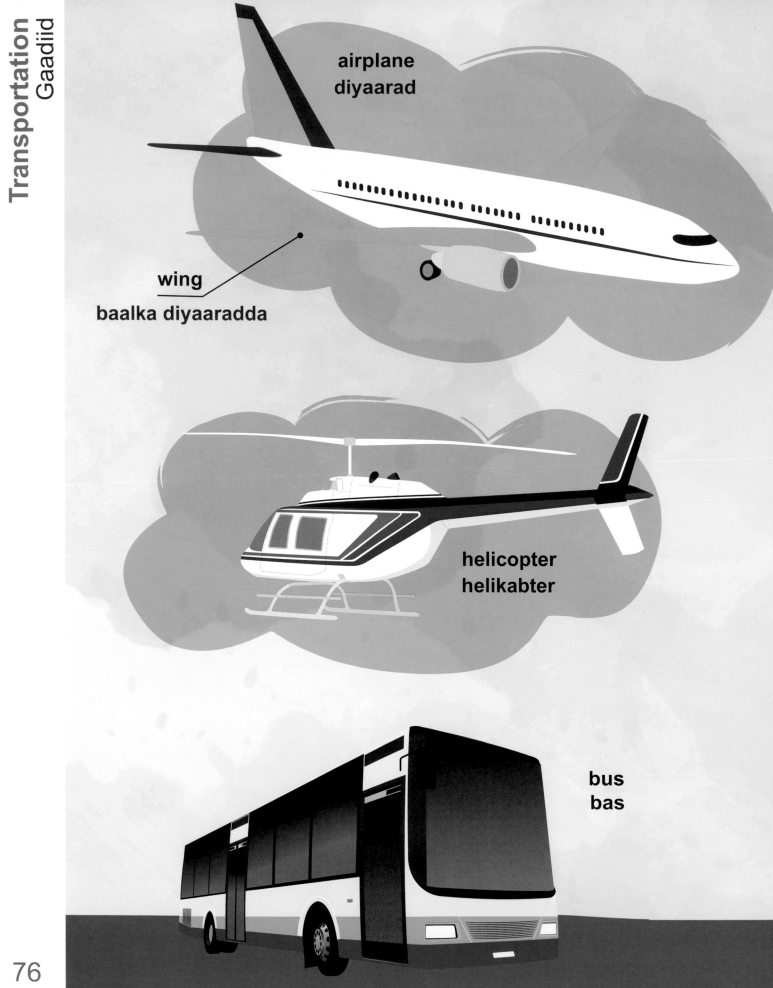

airplane
diyaarad

wing
baalka diyaaradda

helicopter
helikabter

bus
bas

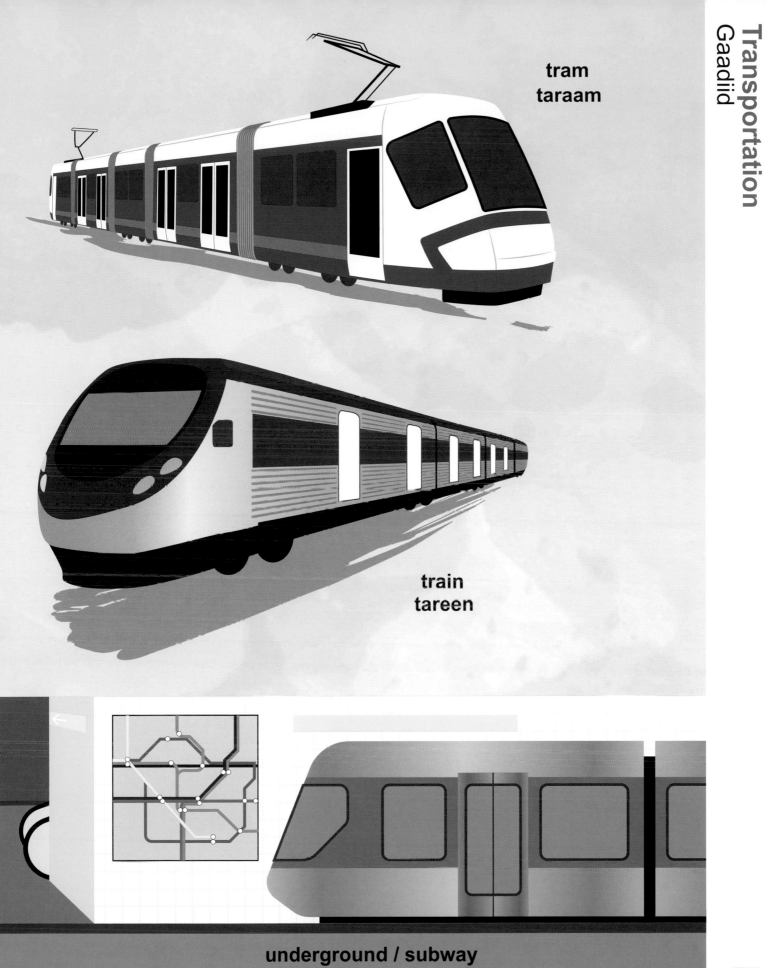

tram
taraam

train
tareen

underground / subway
dhulka hoose

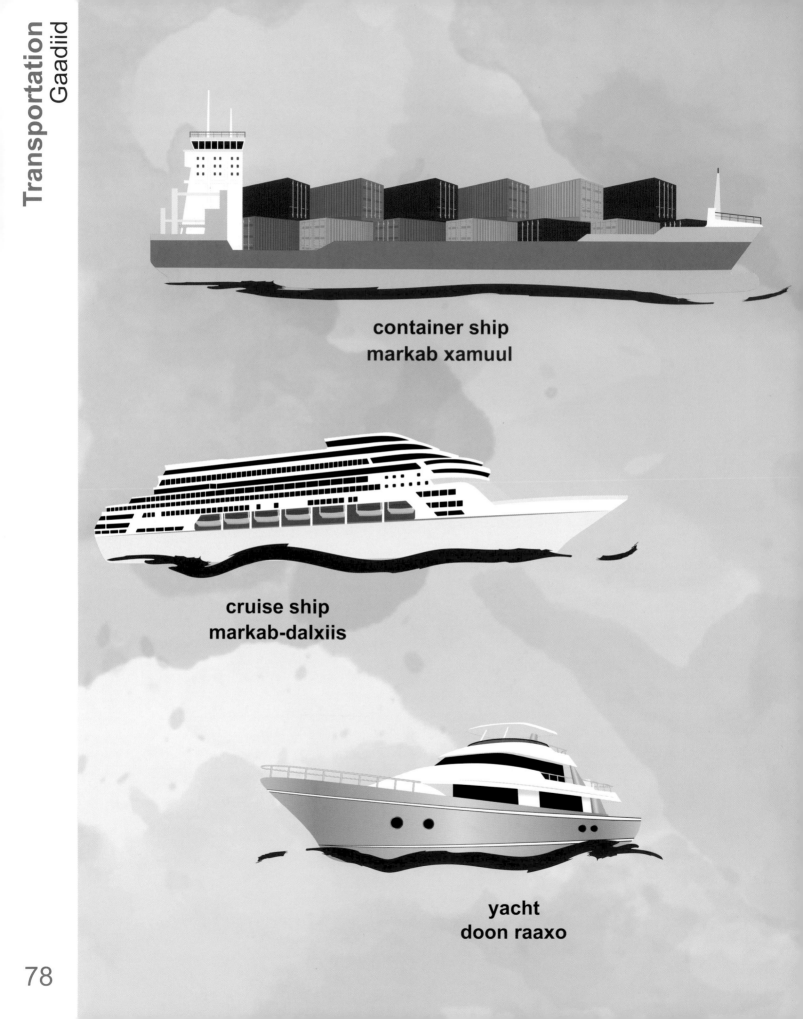

container ship
markab xamuul

cruise ship
markab-dalxiis

yacht
doon raaxo

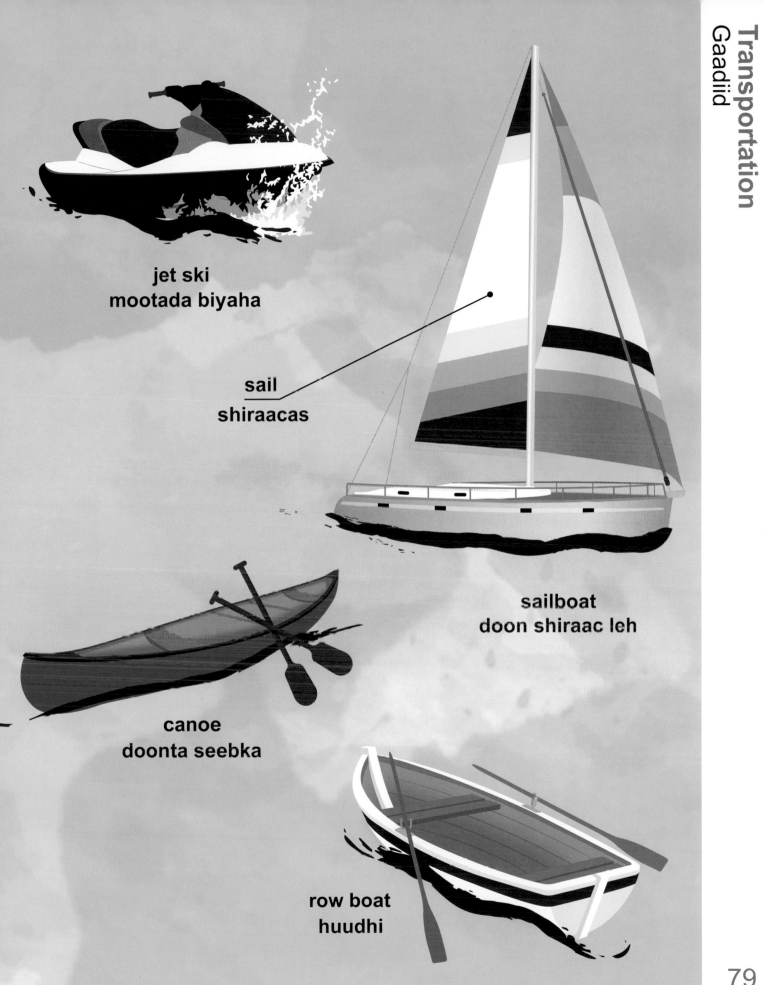

jet ski
mootada biyaha

sail
shiraacas

sailboat
doon shiraac leh

canoe
doonta seebka

row boat
huudhi

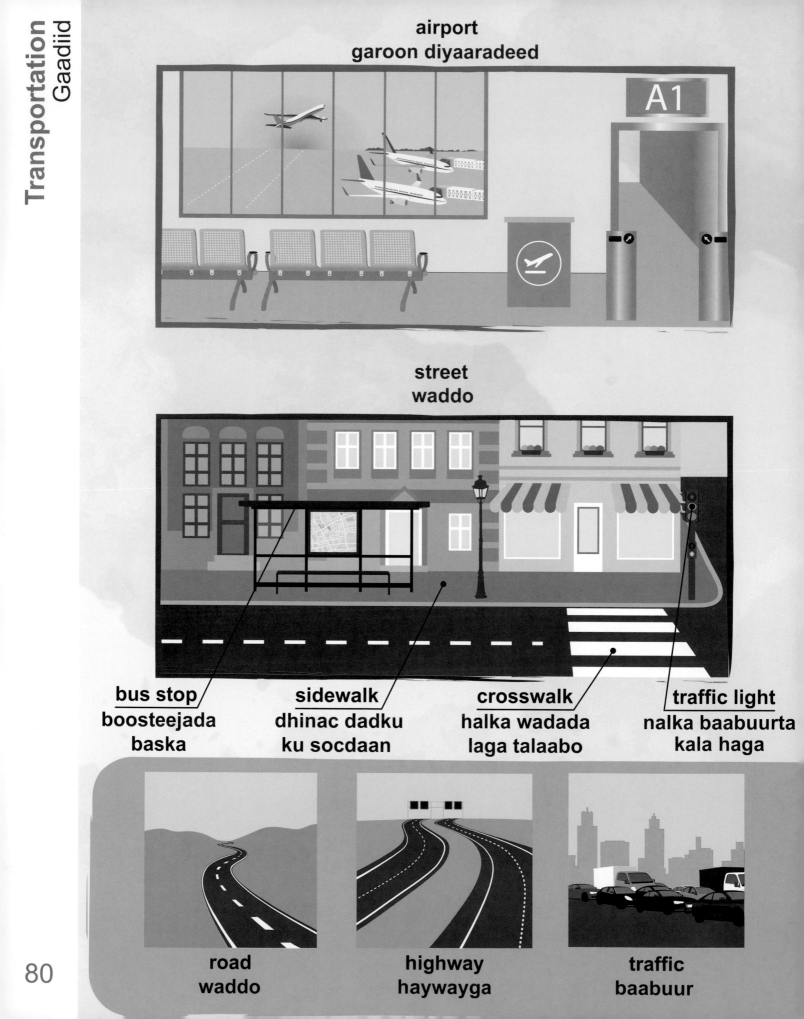

airport
garoon diyaaradeed

A1

street
waddo

bus stop
boosteejada
baska

sidewalk
dhinac dadku
ku socdaan

crosswalk
halka wadada
laga talaabo

traffic light
nalka baabuurta
kala haga

road
waddo

highway
haywayga

traffic
baabuur

garage
garaash

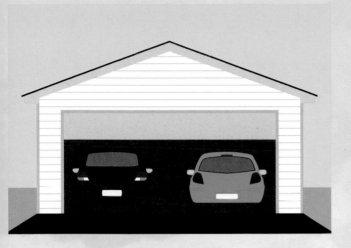

petrol station / gas station
xarun shidaal

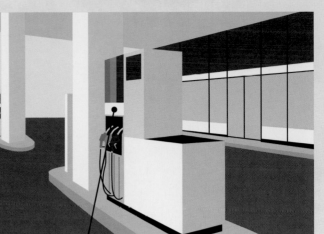

petrol pump / gas pump
mashiinka baatroolka

train station
steshanka treeynka

railroad track
saldhigga tareenka

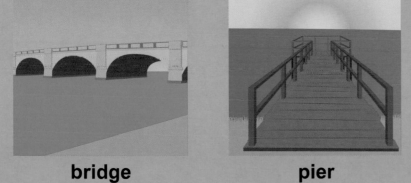

bridge
buundo

pier
biriish-badeed

port
deked

fuchsia
nooc ubax ah

camellia
camellia

daisy
ubax

cotton
suuf

bud
curdan

begonia
ubaxa
begonia

carnation
ubax
carnation

gardenia
nooc ubax ah

petal
qaybta sare
ee ubaxa ee
midabada leh

jasmine
nooc ubax ah

hyacinth
ubaxa buluugga ah

iris
ubaxa iris

geranium
nooc ubax ah

lavender
caleemo
udgoon

magnolia
ubaxa magnolia

snapdragon
nooc ubax ah

nettle
geed carfa

daffodil
nooc ubax ah

poppy
ubax cas

lilac
nooc
ubax ah

moss
cagaar

grass
coos

orchid
nooc ka mid
ah ubaxa

rose
ubaxa rose-ka

sunflower
gabal-daye

tulip
nooc ubax ah

snowdrop
ubax ka soo
baxa barafka

water lily
ubax biyaha
ka soo baxa

pine cone
qoone

oats
khamadi

wheat
qamadi

rye
heed

palm tree
geed timir

cactus
tiitiin

grape tree
dhul beereed

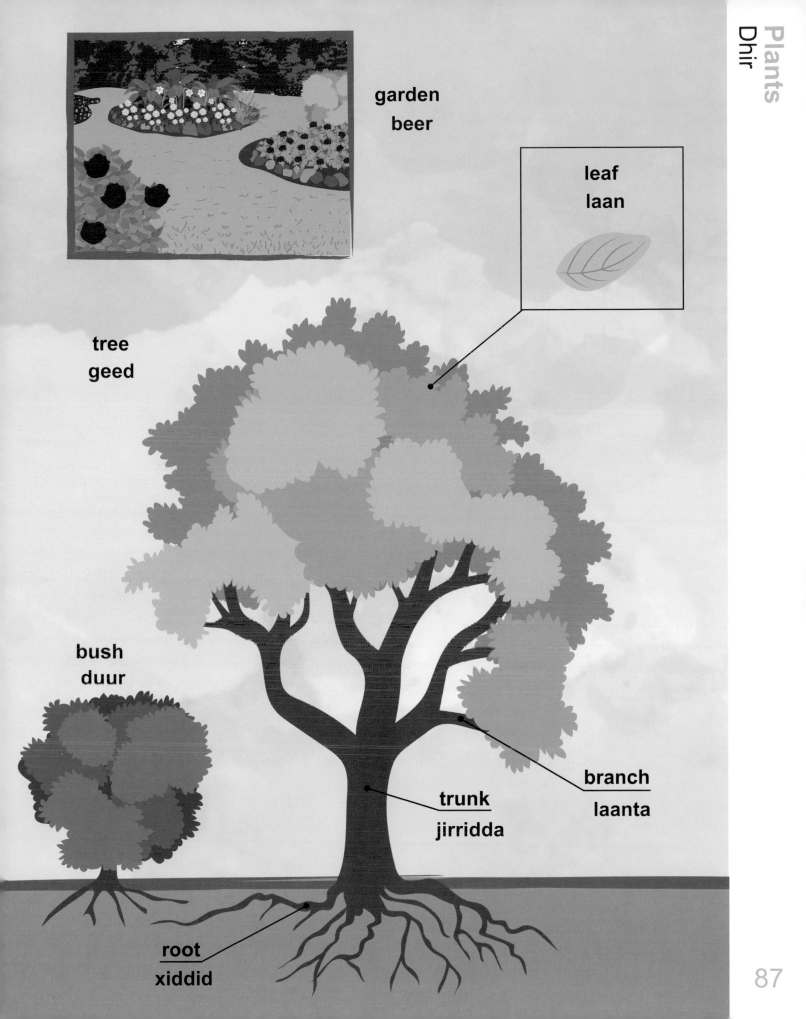

garden
beer

leaf
laan

tree
geed

bush
duur

branch
laanta

trunk
jirridda

root
xiddid

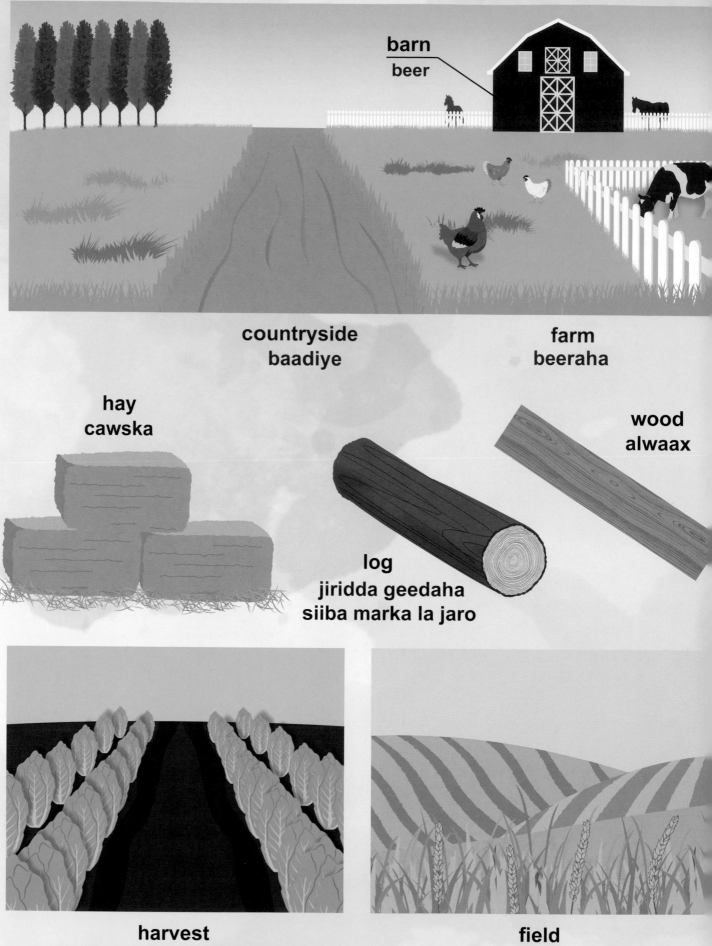

barn
beer

countryside
baadiye

farm
beeraha

hay
cawska

wood
alwaax

log
jiridda geedaha
siiba marka la jaro

harvest
miraha beeraha ka soo go'a

field
xero

island
jasiirad

sand
ciid

beach
xeeb

lake
harro

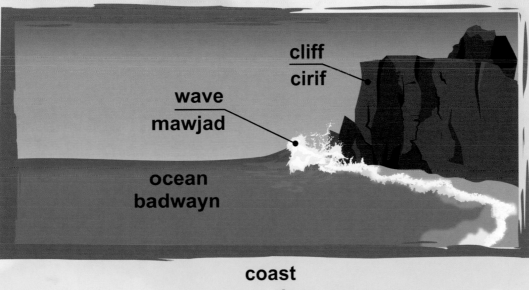

cliff
cirif

wave
mawjad

ocean
badwayn

coast
xeeb

wetland
batak dhul dhiiqo ah

dam
biya xireen

waterfall
biya dhac

forest
kayn

path
waddo

desert
saxaraaga

cave
hog buureed

jungle
hawd

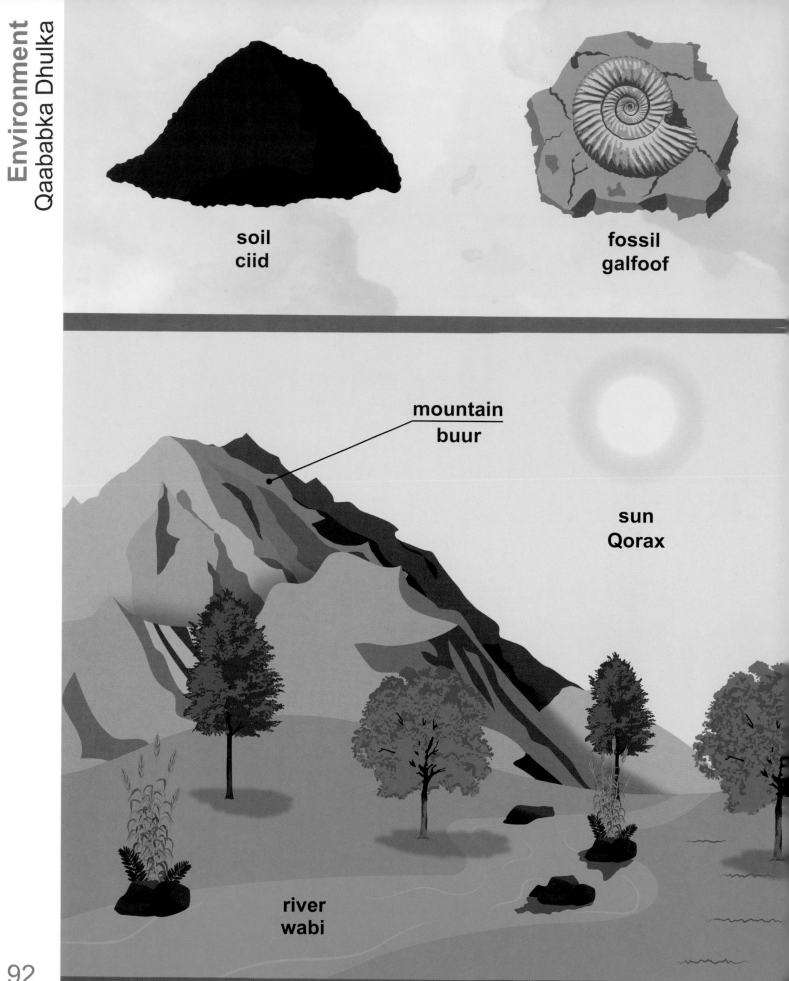

soil
ciid

fossil
galfoof

mountain
buur

sun
Qorax

river
wabi

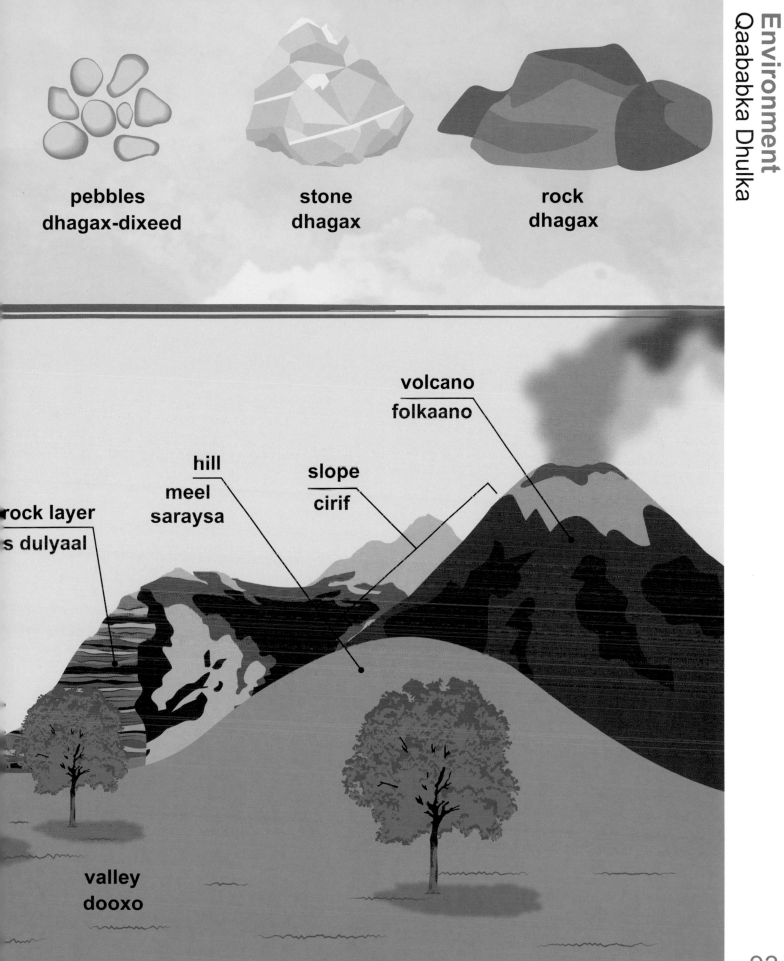

pebbles
dhagax-dixeed

stone
dhagax

rock
dhagax

volcano
folkaano

hill
meel
saraysa

slope
cirif

rock layer
s dulyaal

valley
dooxo

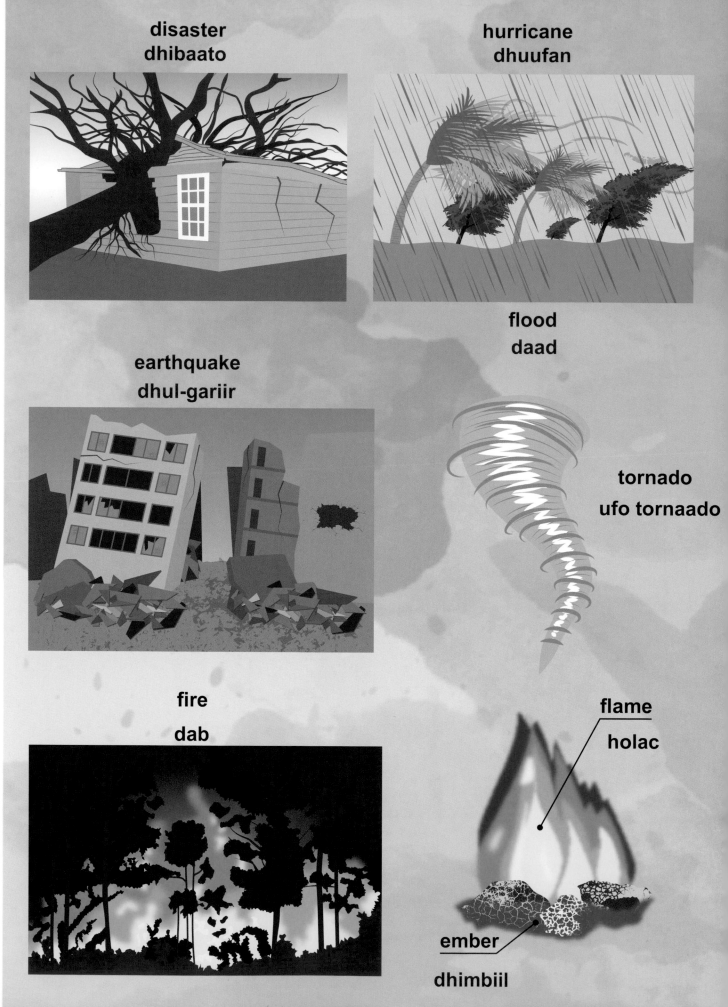

disaster
dhibaato

hurricane
dhuufan

flood
daad

earthquake
dhul-gariir

tornado
ufo tornaado

fire
dab

flame
holac

ember
dhimbiil

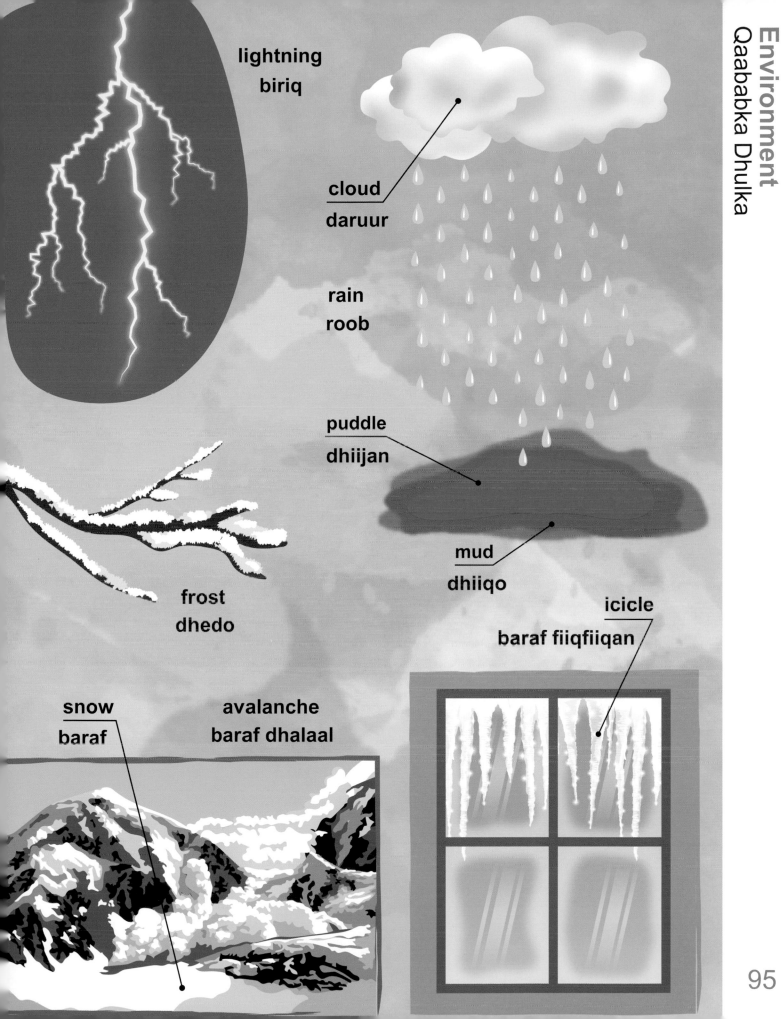

lightning
biriq

cloud
daruur

rain
roob

puddle
dhiijan

mud
dhiiqo

icicle
baraf fiiqfiiqan

frost
dhedo

snow
baraf

avalanche
baraf dhalaal

continents
qaaradood

North America
Waqooyiga America

Europe
Yurob

South America
Koonfurta Amerika

Antarctica
Antaktika

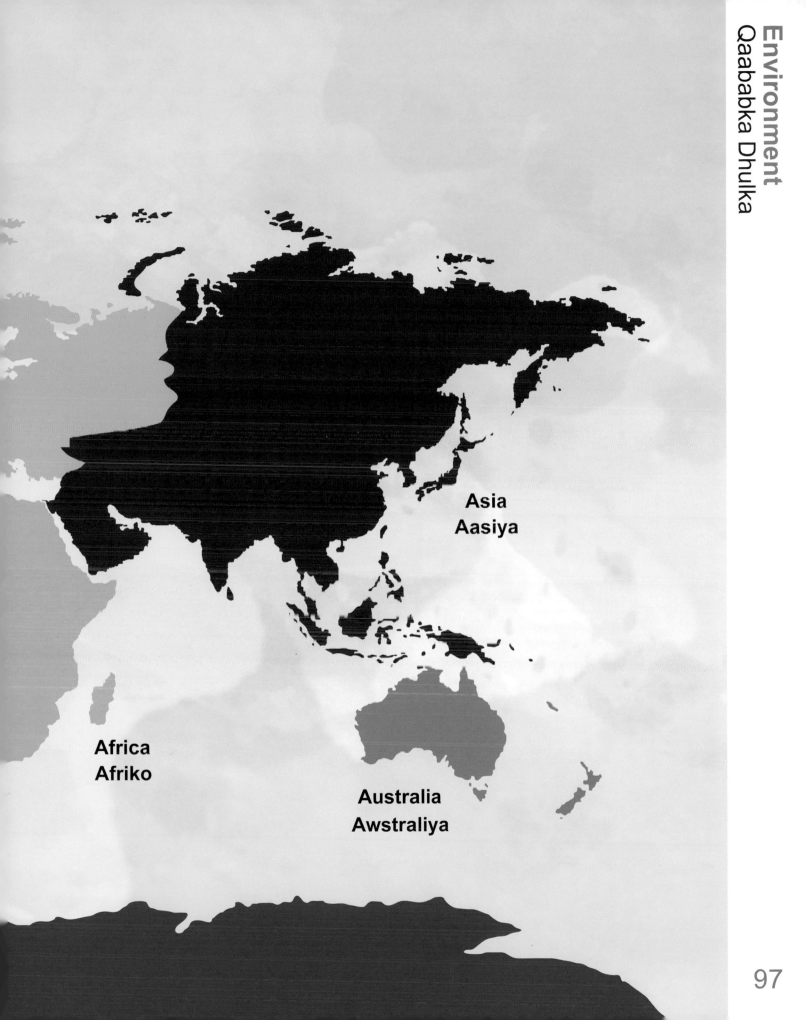

Asia
Aasiya

Africa
Afriko

Australia
Awstraliya

solar system
nidaamka qoraxda

Moon
Dayax

Venus
Dhulmeeraha Fiinas

Earth
Dhul

Mercury
Dhulmeeraha
Mercury

Neptune
Dhulmeeraha
Nebtuun

Sun
Qorax

Mars
Dhul meeraha Mars

Uranus
Dhulmeeraha
Yuraanas

Saturn
Meeraha Satuun

Jupiter
Dhul meeraha
Jupiter

galaxy
gaalaksi

space shuttle
dayax-gacmeed

space station
xarun dayax-gacmeed

astronaut
cirbixiye

satellite dish
diish

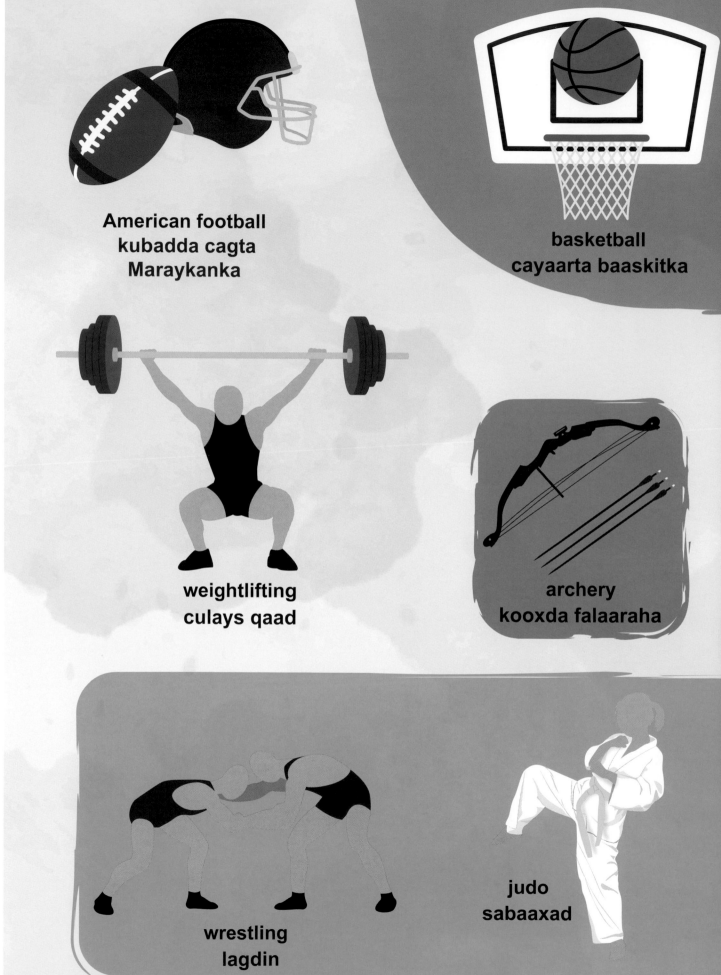

American football
kubadda cagta
Maraykanka

basketball
cayaarta baaskitka

weightlifting
culays qaad

archery
kooxda falaaraha

wrestling
lagdin

judo
sabaaxad

baseball
ciyaarta basebalka

football / soccer
kubad cag

hang gliding
diyaarad yar oon
matoor lahayn

cycling
tartanka baaskiilka

scuba diving
tiinbasho

fencing
seeftanka

cricket
cayaarta cricket-ka

101

marathon
orodka
marathonka

sprint
oraatan

stadium
garoonka

high jump
boodada sare

javelin throw
waran-tuur

hurdles
jid-gooyo

waterpolo
kubadda biyaha

swimming pool
barkadda dabaasha

swimming
dabaal

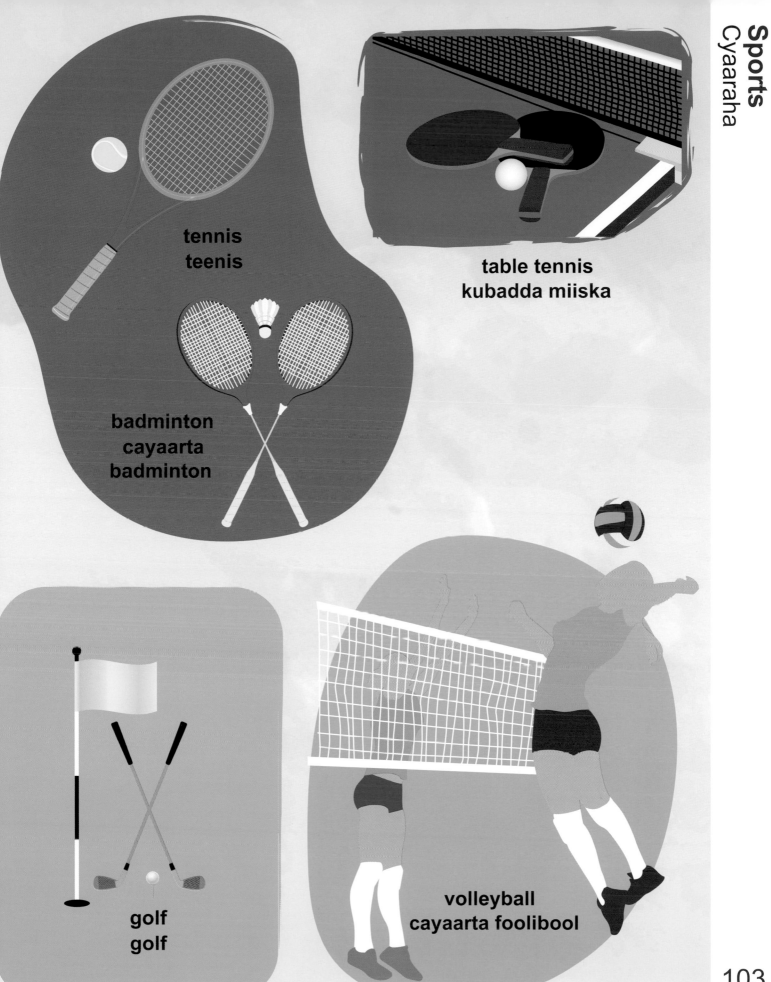

tennis
teenis

table tennis
kubadda miiska

badminton
cayaarta
badminton

golf
golf

volleyball
cayaarta foolibool

mountain climbing
buuro fuul

snowboarding
cayaaraha barafka

ice hockey
xeegada barafka

skiing
baraf ku
taraarixid

rowing
wadida huudhiga

sailing
tartanka
doomaha
shiraaca

rafting
adeegsiga huudhiga

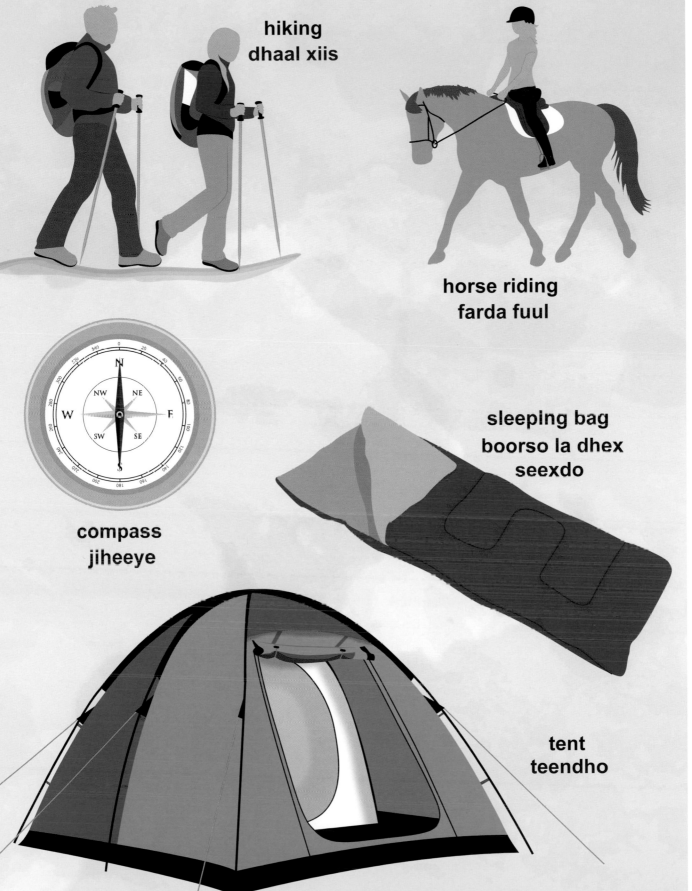

hiking
dhaal xiis

horse riding
farda fuul

compass
jiheeye

sleeping bag
boorso la dhex
seexdo

tent
teendho

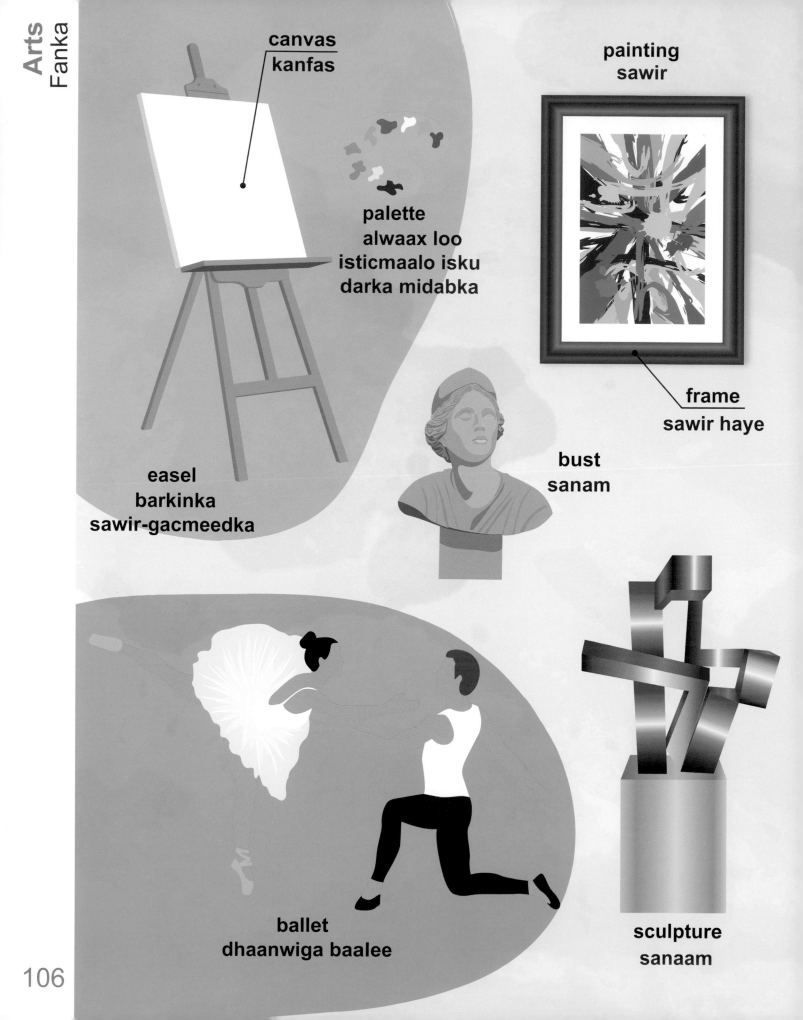

canvas
kanfas

painting
sawir

palette
alwaax loo
isticmaalo isku
darka midabka

frame
sawir haye

easel
barkinka
sawir-gacmeedka

bust
sanam

ballet
dhaanwiga baalee

sculpture
sanaam

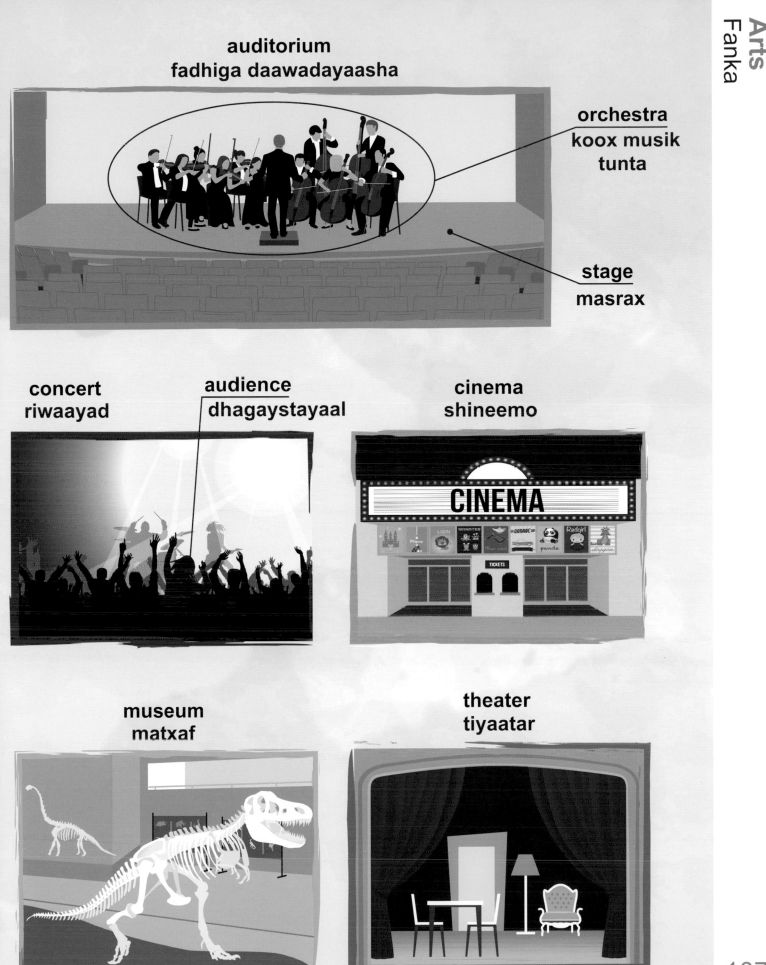

auditorium
fadhiga daawadayaasha

orchestra
koox musik
tunta

stage
masrax

concert
riwaayad

audience
dhagaystayaal

cinema
shineemo

museum
matxaf

theater
tiyaatar

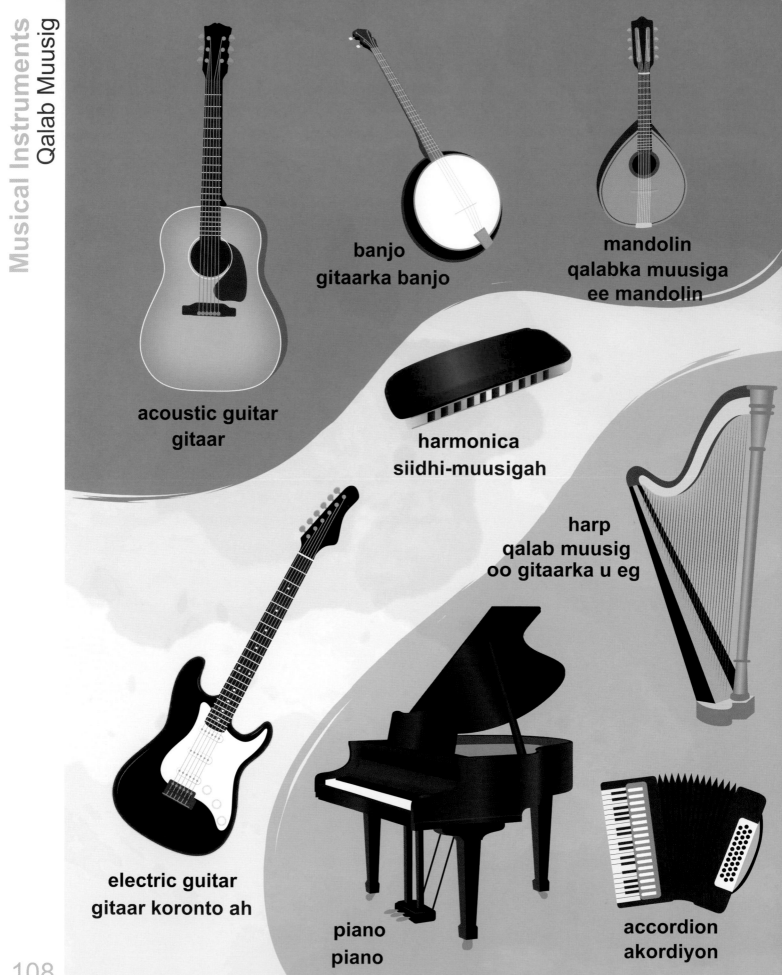

banjo
gitaarka banjo

mandolin
qalabka muusiga
ee mandolin

acoustic guitar
gitaar

harmonica
siidhi-muusigah

harp
qalab muusig
oo gitaarka u eg

electric guitar
gitaar koronto ah

piano
piano

accordion
akordiyon

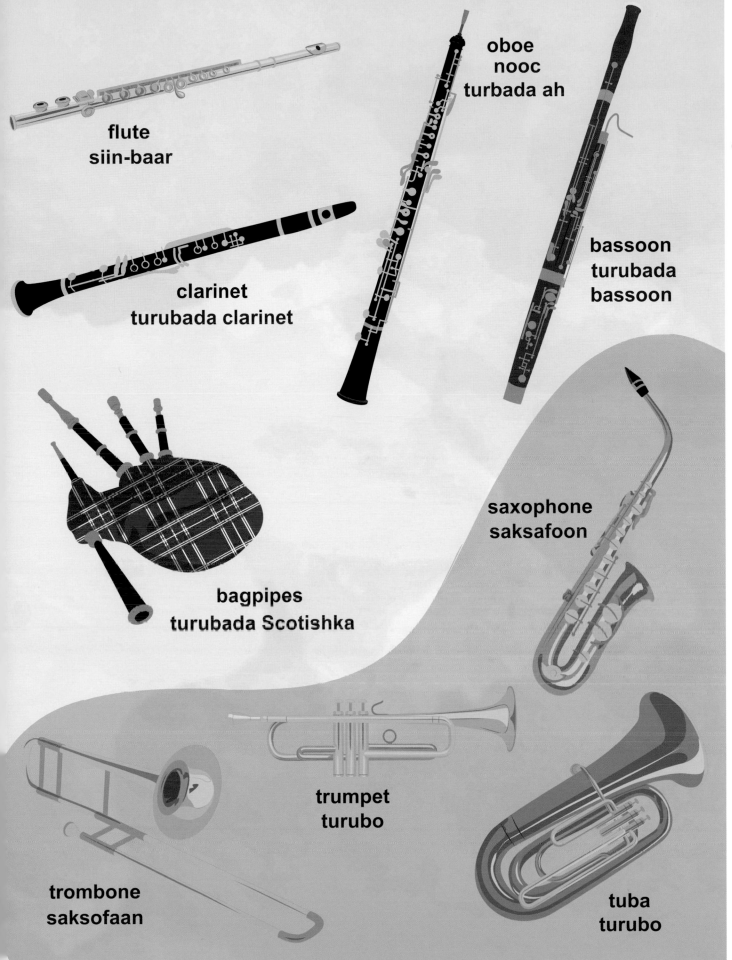

flute
siin-baar

oboe
nooc
turbada ah

bassoon
turubada
bassoon

clarinet
turubada clarinet

saxophone
saksafoon

bagpipes
turubada Scotishka

trumpet
turubo

trombone
saksofaan

tuba
turubo

drum kit
qalab durbaan

snare drum
nooc durbaan ah

cymbal
suxuunta
muusiga

bass drum
durbaanka
base-ka ah

drumsticks
ulaha durbaanka

tambourine
daf

bongo drums
fuusto Bongo

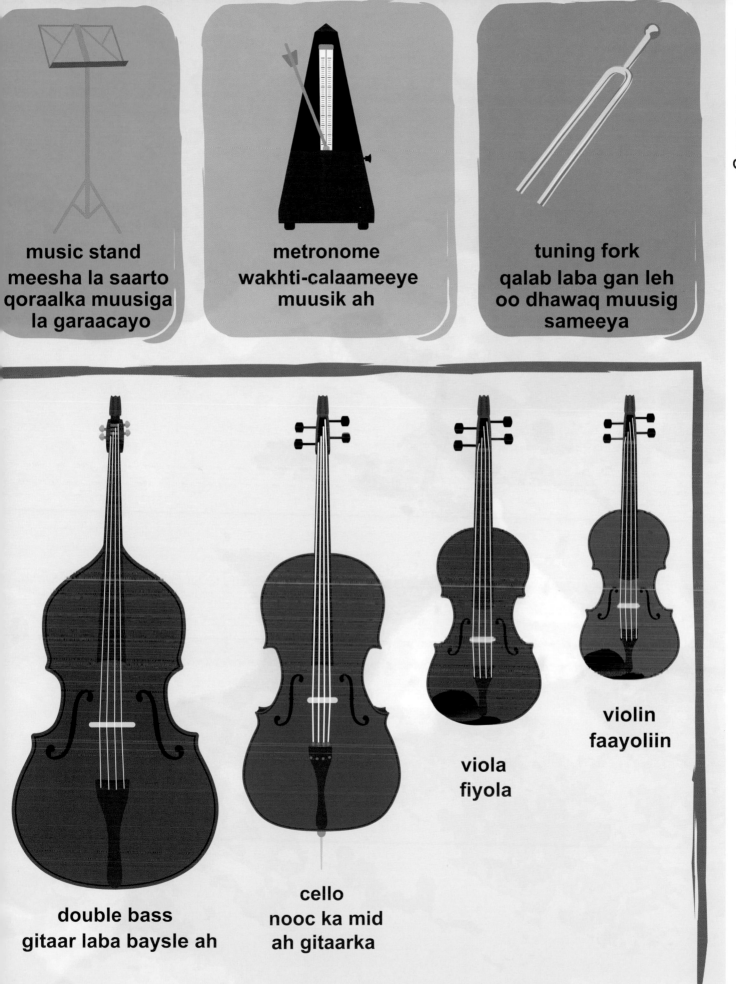

music stand
meesha la saarto
qoraalka muusiga
la garaacayo

metronome
wakhti-calaameeye
muusik ah

tuning fork
qalab laba gan leh
oo dhawaq muusig
sameeya

violin
faayoliin

viola
fiyola

double bass
gitaar laba baysle ah

cello
nooc ka mid
ah gitaarka

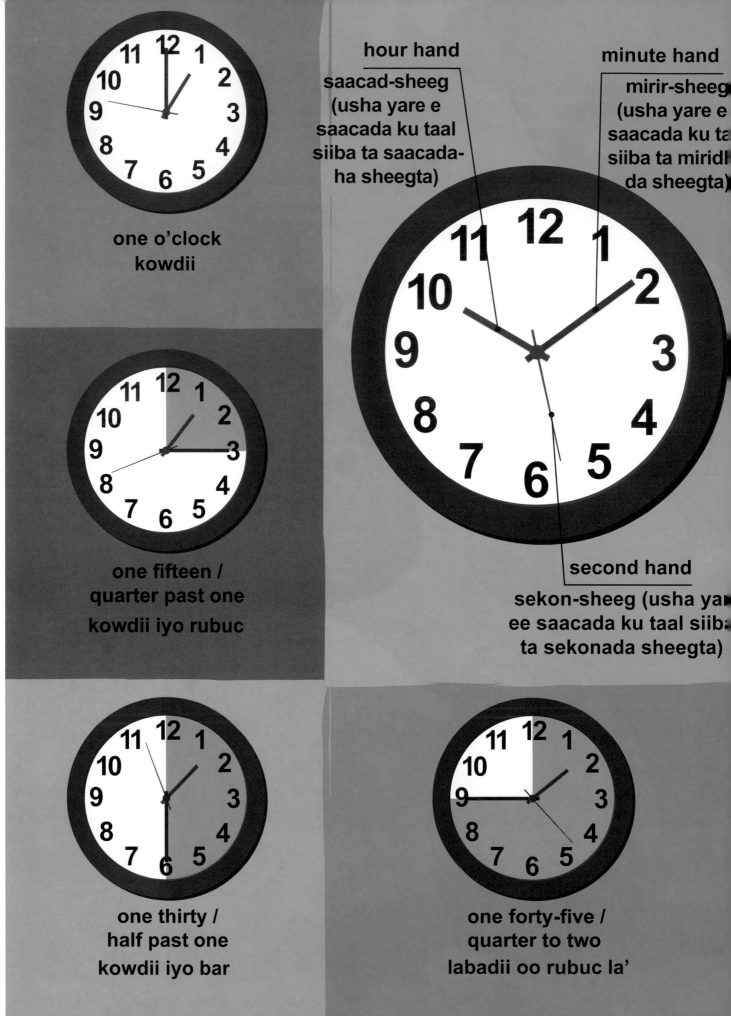

one o'clock
kowdii

hour hand
saacad-sheeg
(usha yare e
saacada ku taal
siiba ta saacada-
ha sheegta)

minute hand
mirir-sheeg
(usha yare e
saacada ku ta
siiba ta miridl
da sheegta)

one fifteen /
quarter past one
kowdii iyo rubuc

second hand
sekon-sheeg (usha ya
ee saacada ku taal siiba
ta sekonada sheegta)

one thirty /
half past one
kowdii iyo bar

one forty-five /
quarter to two
labadii oo rubuc la'

dawn
waabari

sunrise
qorax soo bax

evening
maqrib

dusk
maqrib

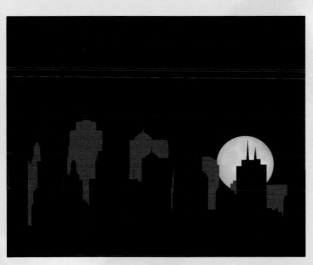

night
habeen

midnight
saq-dhexe

days | malmoodka

days	malmoodka
Monday	isniin
Tuesday	taladho
Wednesday	arbacadh
Thursday	qamiis
Friday	jimco
Saturday	sebtii
Sunday	axaad

week
todobaad

months | biloodinka

months	biloodinka
January	bisha kowad
February	bisha labaad
March	bisha sadexaad
April	bisha afaraad
May	bisha shaanad
June	bisha lixaad
July	bisha todawaadh
August	bisha sideedhad
September	bisha sagaaladh
October	bisha towanaad
November	bisha kow ii towanadh
December	bisha kow ii lawadh

year
sanad

2016
2026
decade
toban sano

2016
2116
century
qarni

2016
3016
millennium
kun sano

seasons
xilli

spring
xilliga gu'ga

summer
xagaa

fall
dayr

winter
jiilaal

classroom
fasal

desk
miis shaqo

whiteboard
guddiga

library
laaybareeri

playground
garoon

sandpit / sandbox
carro tuur

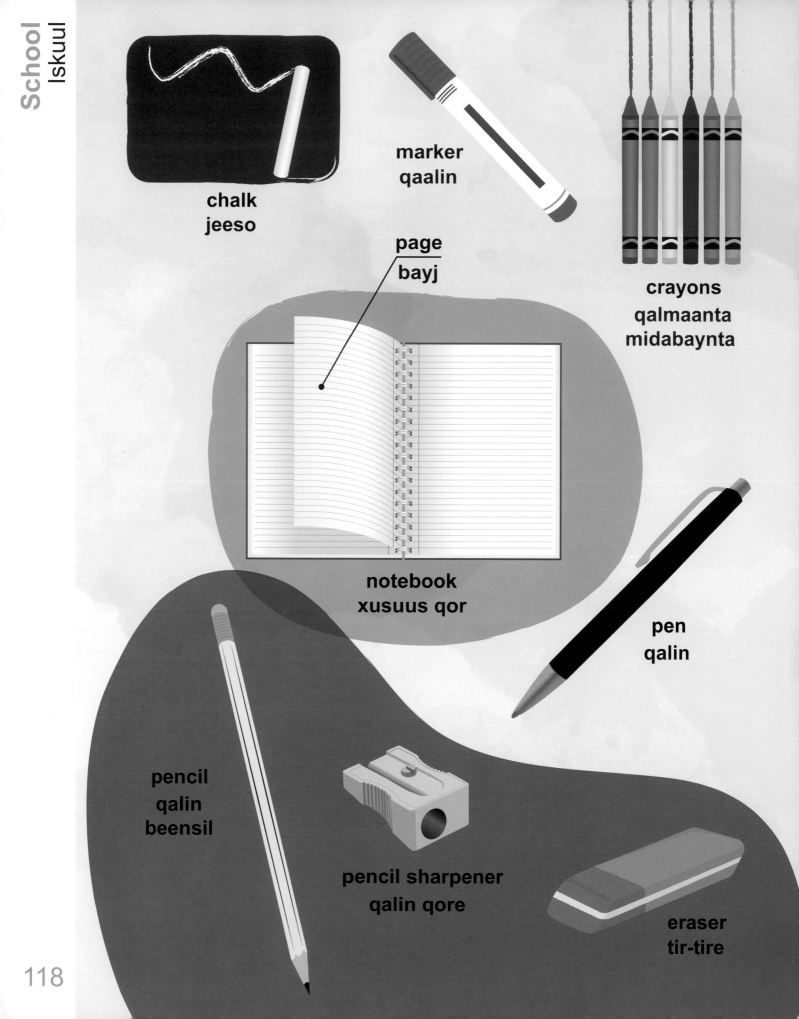

chalk
jeeso

marker
qaalin

crayons
qalmaanta
midabaynta

page
bayj

notebook
xusuus qor

pen
qalin

pencil
qalin
beensil

pencil sharpener
qalin qore

eraser
tir-tire

hole puncher
dalooliso

tape dispenser
sharooto jare

staple remover
aalad lagu siibo bir ama
dun wax isku haysay

stapler
waraaqo
isku-dhajiye

staple
biraha waraaqaha la iskula dhajiyo

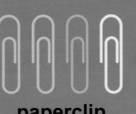

pushpin
biinka darbiga

paperclip
iskuqabtaha
waraaqaha

scissors
maqas

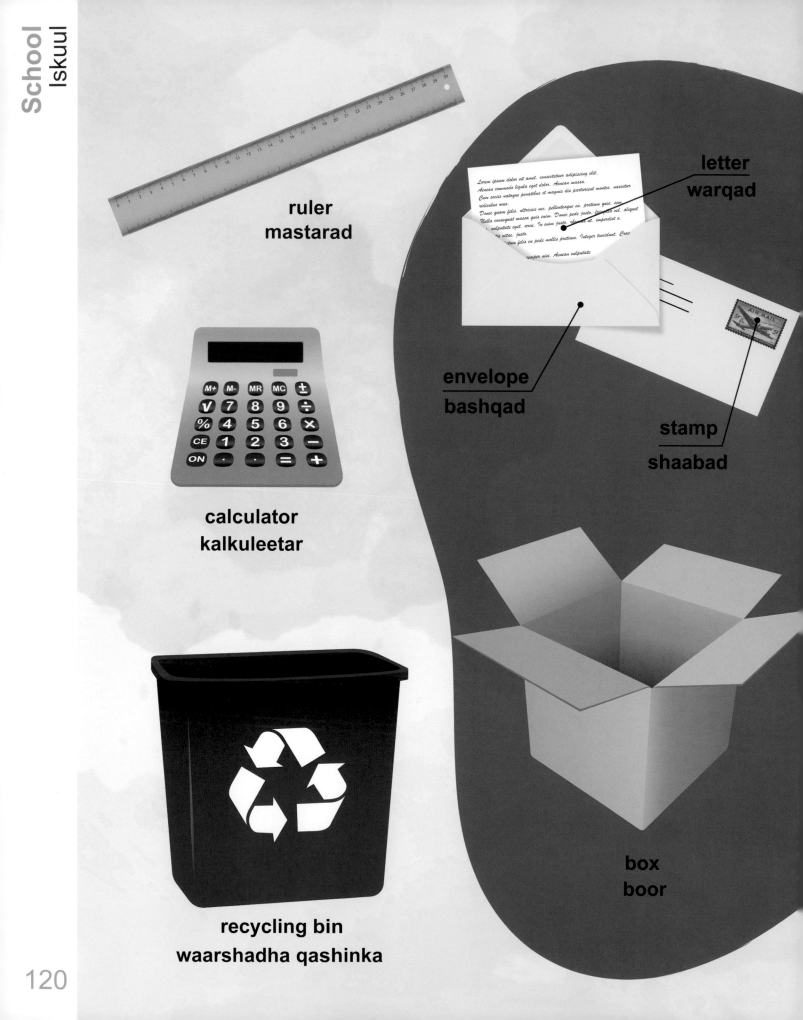

ruler
mastarad

calculator
kalkuleetar

letter
warqad

envelope
bashqad

stamp
shaabad

box
boor

recycling bin
waarshadha qashinka

120

globe
caalamka

telescope
soo dhawayso

microscope
waynayso

magnifying glass
muraayad
waynayso ah

magnet
bir-qabato

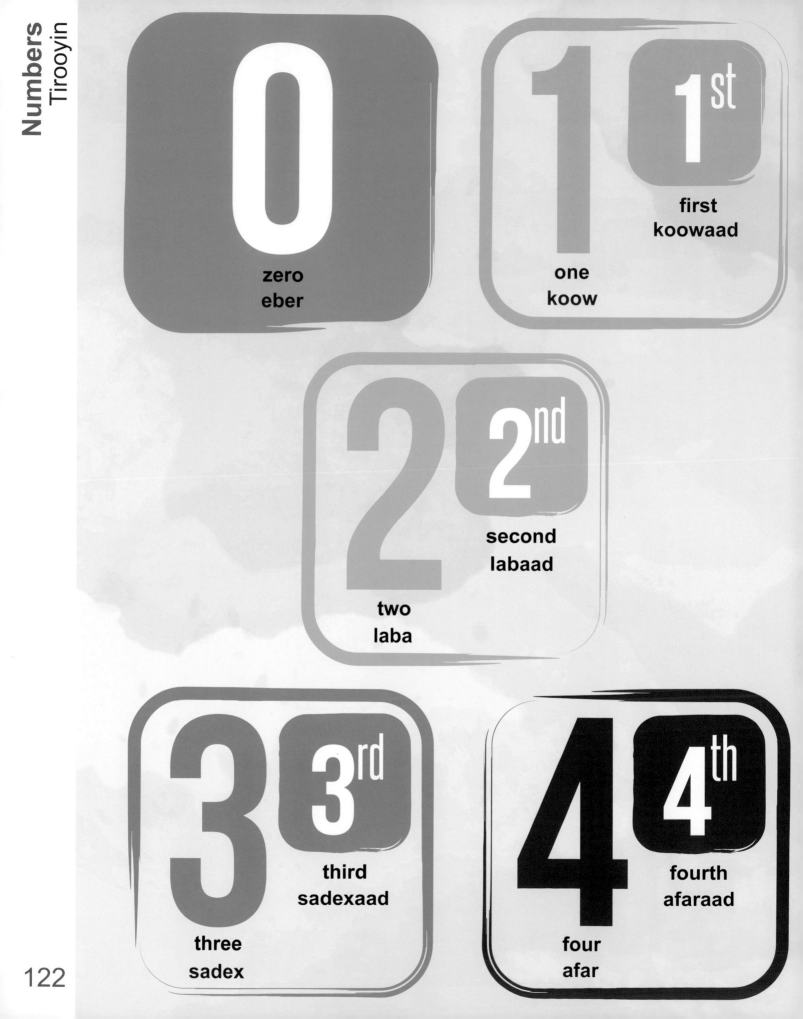

0
zero
eber

1 **1ˢᵗ**
first
koowaad

one
koow

2 **2ⁿᵈ**
second
labaad

two
laba

3 **3ʳᵈ**
third
sadexaad

three
sadex

4 **4ᵗʰ**
fourth
afaraad

four
afar

5 **5**th
fifth
shanaad
five
shan

6 **6**th
sixth
lixaad
six
lix

7 **7**th
seventh
todobaad
seven
todoba

8 **8**th
eighth
todobaad
eight
sideed

9 **9**th
ninth
sagaalad
nine
sagaal

10
ten
toban

10th tenth
tobanaad

11
eleven
kow iyo toban

11th eleventh
kow iyo
tobanaad

12
twelve
laba iyo toban

12th twelfth
laba iyo
tobanaad

13
thirteen
sadex iyo toban

13th thirteenth
sadex iyo
tobanaad

14
fourteen
afar iyo toban

14th fourteenth
afar iyo
tobanaad

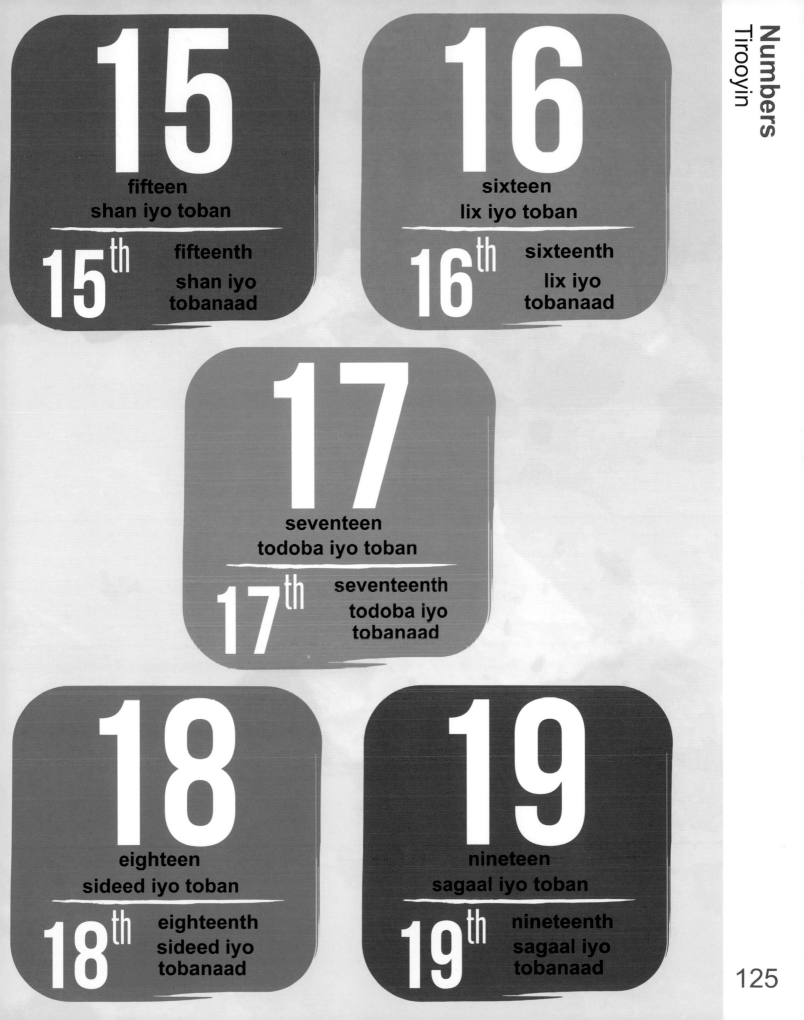

15 fifteen
shan iyo toban

15th fifteenth
shan iyo
tobanaad

16 sixteen
lix iyo toban

16th sixteenth
lix iyo
tobanaad

17 seventeen
todoba iyo toban

17th seventeenth
todoba iyo
tobanaad

18 eighteen
sideed iyo toban

18th eighteenth
sideed iyo
tobanaad

19 nineteen
sagaal iyo toban

19th nineteenth
sagaal iyo
tobanaad

20 twenty
labaatan

20th twentieth
labaatanaad

30 thirty
sodon

30th thirtieth
soddonaad

40 forty
afaartan

40th fortieth
afartanka

50 fifty
konton

50th fiftieth
kontonaad

60 sixty
lixdan

60th sixtieth
lixdaan

70 seventy
todobaatan

70th seventieth
todowatan

80 eighty
sideetan

90 ninety
sagaashan

80th eightieth
sidetaanka

90th ninetieth
sagaashanka

100 one hundred
boqol

100th one hundredth
boqoolad

200 two hundred
laba boqol

500 five hundred
shan boqol

800 eight hundred
sideed boqol

1,000 one thousand
kun

100,000 one hundred thousand
boqol kun

1,000,000 one million
hal million

circle
wareeg

sphere
wareegsan

cone
muuqaal
sufur leh

semicircle
nus wareeg

hemisphere
nus-dhul

cylinder
dhululubo

square
afar geesoodle

rectangle
laydi

octagon
sideed xagalle

pentagon
muuqaal shan xagalle ah

hexagon
lix-geesle

diamond
dheeman

star
xiddig

kite
aabiteey

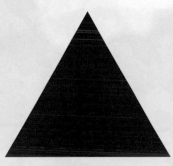

triangle
sadex geesood

pyramid
payramid

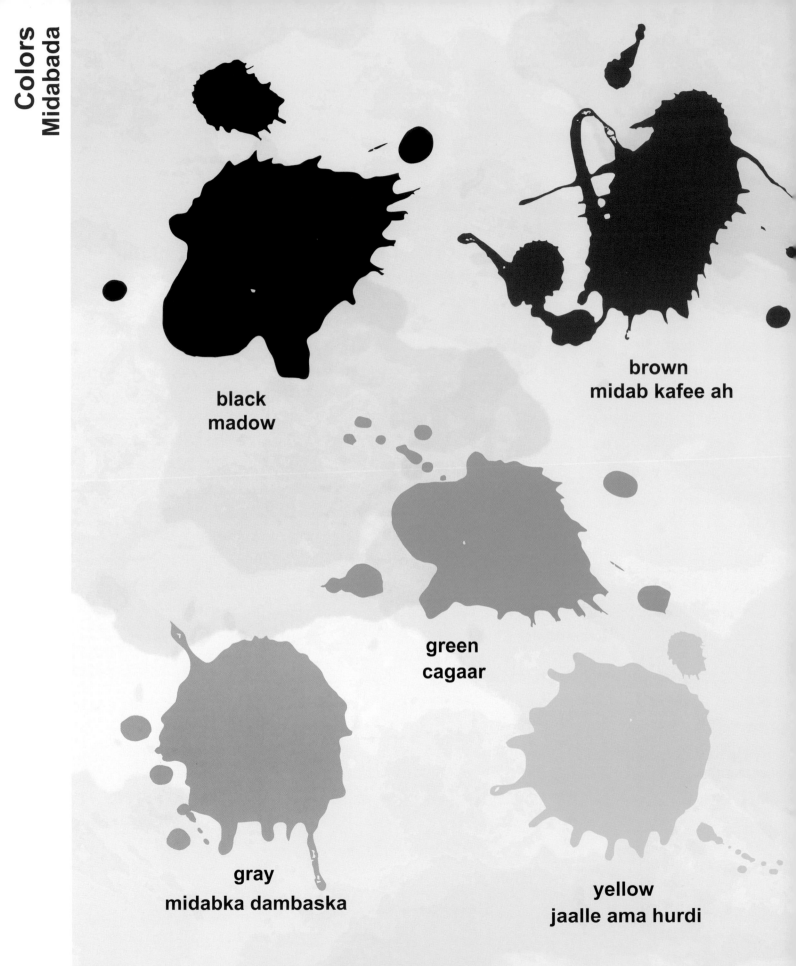

black
madow

brown
midab kafee ah

green
cagaar

gray
midabka dambaska

yellow
jaalle ama hurdi

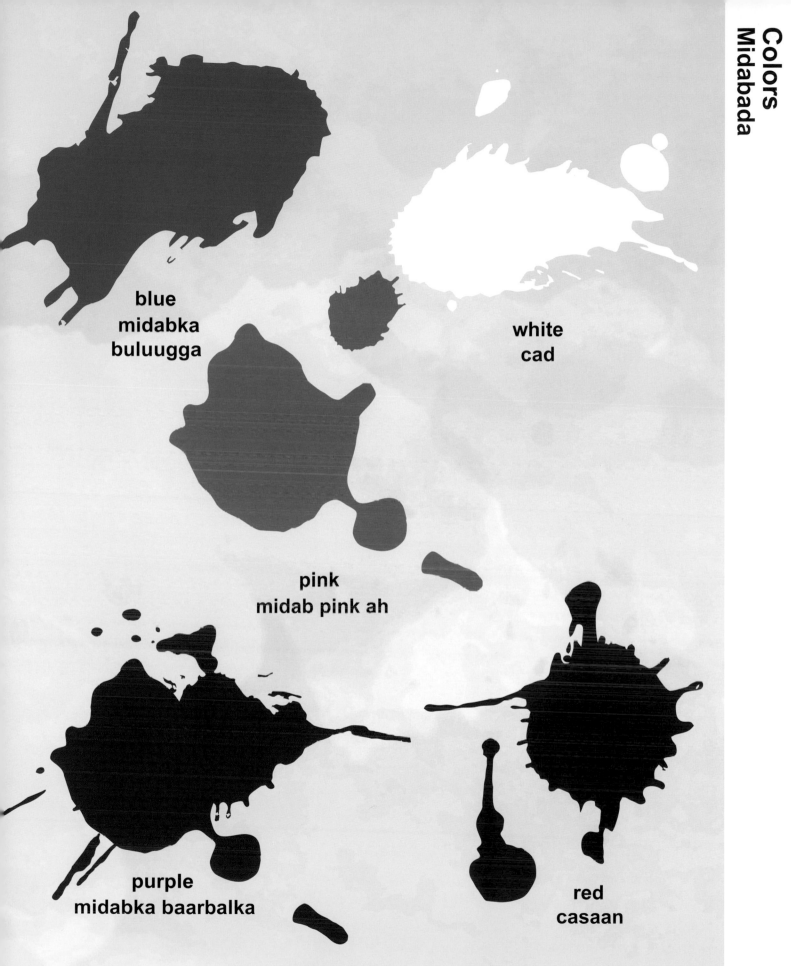

blue
midabka
buluugga

white
cad

pink
midab pink ah

purple
midabka baarbalka

red
casaan

It's
apostrophe
aboostaraf

Yes,
comma
hakad

like:
colon
astaanta :

self-confidence
hyphen
dhaash

after...
ellipsis
sadex joogsi

won!
exclamation point
calaamadda la yaabka

When?
question mark
calaamad su'aal

end.
period
calaamadda joogsiga

"One day,"
quotation marks
calaamada xigashada
hadalka qof kale

(almost)
parentheses
calaamadda ()

open;
semicolon
joogsi-hakad ;

'good'
single quotation marks
calaamadda hadalka
oo kali ah

3+1
plus sign
astaan ku-dar

7-3
minus sign
calaamadda ka-jar

8÷2
division sign
calaamada u qaybi

2×2
multiplication sign
calaamada ku dhufo

√16
square root sign
xiddid laba jibaaran

=4
equal sign
calaamadda la midka

25%
percent sign
boqolkiiba

earth & space
ampersand
astaanta "iyo"

he/she/they
forward slash
forward slash

html\n
backslash
backslash

info@milet.com
at sign
astaanta @